ヨベル新書
032

説教聴聞録
ローマの信徒への手紙

門叶国泰［著］

YOBEL,Inc.

はじめに

プロテスタントの礼拝は「説教中心」です。P・T・フォーサイスは『説教論』の冒頭で、「はじめにあえて大胆に言おう。キリスト教は説教によって立ちもすれば倒れもする」と断言しています。そのために、神学校には「説教学」の講座が設けられており、また、キリスト教専門書店には数多くの「説教集」や「説教論」に関する書物が並べられています。

しかし、説教はあくまで説教者と聴衆との共同の作品であり、「話す者と聞く者」がいて初めて説教として成り立ちます。「説教を聞く」ことは必ずしも容易なことではありません。聴衆は、自分に説教を聞くための「集中力」が欠けていることを認めようとはせずに、しばしば「説教批判」を始めます。実は、聴衆は説教を聞きながら様々な思いに駆られ、心が「瞬時」説教から離れてしまうことがあります。その瞬時が何度か連続すると、説教自体の脈絡が分らなくなってしまうのです。礼拝を礼拝として守り、説教を神の言葉として聴くためには、それに集中するための教育、訓練が大切になってきます。神学校の「説教学」に対応して、教会には「聴聞学」が求められているのです。逆に、聴衆が「説教がよく分からなかった」というと、説教者は必ず「説明」を始めます。「説明」は説教とも全く異なるものです。

私は、「聴聞学」の試みとして、長年《**説教を聞く**》を書き続けています。本書は、実際に牧師が話された説教の骨子に沿った内容になっています。説教聴聞の〈釈義追想作業〉を通して、説教者が説教準備で行う「原典講読、釈義、黙想」の過程を追体験出来るのではないかと考えました。この聴聞録の作成には、レコーダーの類《たぐい》は一切用いていません。説教聴聞中にとったメモのみに基づき、「説教を聞いた時、その最初の出会いにおける自分の反応」を当日、または翌日中までにB5判1頁に纏めたものです。その上で、説教中に用いられた旧約・新約の引用個所、あるいは神学者の解説、原典のヘブル語、ギリシャ語等を可能な限り自分で調べて追記しました（ヘブル語は表記が難しいので今回は省略しました）。したがって、この「聴聞録」は、「説教要旨」ではなく、あくまで「わたくしはこう聞いた」という「わたくしの信仰告白」・「聴聞録」なのです。いや誤解を恐れずに言えば牧師の説教作成過程追想録とでも言えるものかもしれません。

二〇一五年六月

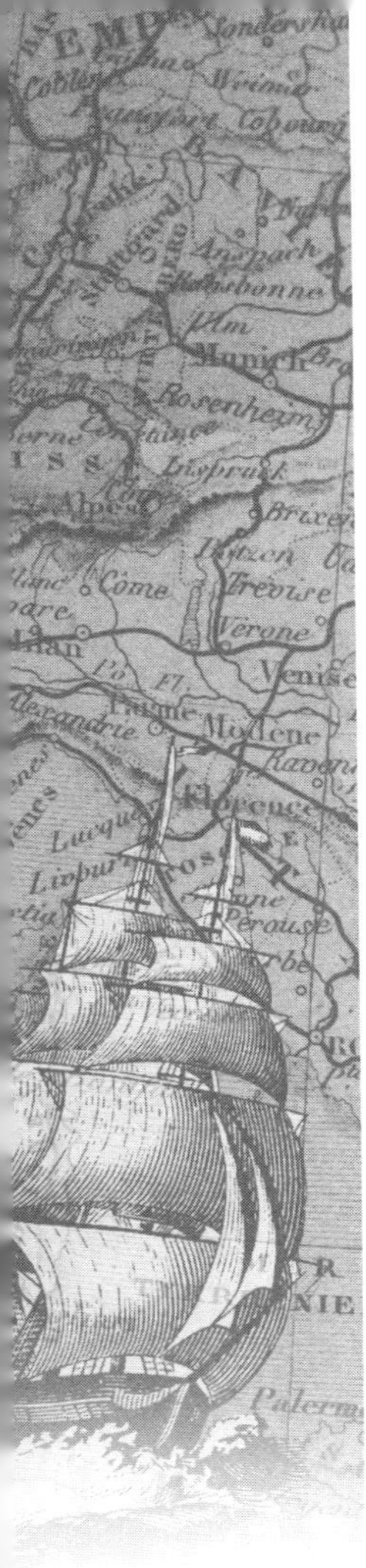

説教聴聞録　ローマの信徒への手紙

目　次

はじめに　3

1章1節～7節　18

（1）主キリストの僕（創世記39章1～6節）　18

（2）神の使者（イザヤ書40章9～11節）　21

（3）神の福音（エレミヤ書1章4～8節）　23

（4）神の約束なる福音（出エジプト記16章1～12節）　25

（5）神の子の受肉（イザヤ書7章13～15節）　28

（6）力ある神のみ子キリスト（イザヤ書42章1～4節）　31

（7）信仰による従順（詩編25編1b～5節）　33

（8）恵みと平和に生きる（民数記6章22～27節）　35

1章8節～17節　39

（1）福音を恥としない（エレミヤ書20章7～9節）　40

（2）信仰によって生きる（ハバクク書2章1～4節）　42

1章18節～23節　44

（1）神の永遠の力と神性（創世記1章24～31節）　43

（2） 神を神とする道 （創世記3章1〜7節） 46
1章24節〜32節 49
（1） 無価値な思い （エレミヤ書10章12〜16節） 50
（2） 人間の実態 （詩編95編1〜11節） 52
2章1節〜11節 55
（1） 慈愛と寛容と忍耐を （詩編119編145〜152節） 56
（2） 栄光と誉れと平和が （申命記10章12〜22節） 58
2章12節〜16節 61
わたしの福音 （詩編19章8〜15節） 61
2章17節〜29節 64
外見上ではなく、内面が （イザヤ書52章4節〜6節） 65
3章1節〜8節 68
人間の論法を捨て （エレミヤ書32章36節〜44節） 69
3章9節〜20節 72
真の神への畏れ （詩編14編1節〜7節） 73

3章21節〜26節 *75*
（1）ところがいまや（エレミヤ書31章31節〜34節） *75*
（2）神の栄光に生きる（詩編8編4節〜10節） *78*
（3）無償の義（詩編49編6節〜21節） *80*
（4）罪を贖う供え物（レビ記16章11節〜16節） *82*
（5）今この時、神の義が（創世記6章4節〜8節） *84*
3章27節〜31節 *87*
（1）信仰の法則（詩編69編31節〜34節） *87*
（2）神は唯一である（申命記6章4節〜9節） *89*
4章1節〜8節 *92*
福音の射程（創世記15章1節〜6節） *92*
4章9節〜12節 *95*
信仰の父・アブラハム（創世記15章1節〜6節） *95*
4章13節〜17節 *98*
神の約束に生きる（創世記17章1節〜8節） *98*

4章18節～25節 101
信仰によって強められ（創世記18章9節～15節） 101
5章1節～5節 105
（1）今の恵み（イザヤ書32章15節～20節） 105
（2）聖霊によって神の愛が（詩編25編1節～5節） 108
5章6節～11節 110
（1）神の怒りからの救い（イザヤ書12章1節～3節） 110
（2）神を喜び誇る（エレミヤ書9章22節～23節） 112
5章12節～14節 115
罪が死をもたらす（創世記3章1節～7節） 115
5章15節～21節 118
（1）恵みの豊かさ（詩編25編6節～11節） 119
（2）恵みが支配する（イザヤ書53章11節～12節） 121
6章1節～14節 123
（1）新しい命に生きる（エゼキエル書18章30節～32節） 124

（2）主と一体になって（イザヤ書53章5節〜6節）126
（3）神に生きる（詩編84編2節〜5節）128
（4）自分自身を神に献げよ（イザヤ書57章16節〜21節）130
6章15節〜23節 132
（1）自由と服従（詩編33編1節〜11節）133
（2）賜物としての永遠の命（詩編86編5節〜10節）134
7章1節〜6節 137
新しい生き方（申命記4章25節〜31節）138
7章7節〜12節 140
（1）罪が掟を利用し（創世記3章1節〜6節）140
（2）聖なる律法（詩編119編105節〜112節）142
7章13節〜25節 145
（1）罪の正体（イザヤ書55章6節〜13節）146
（2）惨めさからの救い（創世記1章24節〜27節）148
8章1節〜11節 150

（1）人となられた神の御子（イザヤ書61章1節～3節） 151
（2）霊の思いは命と平和（詩編66編1節～9節） 152
8章12節～17節 155
アッバ、父よ（イザヤ書63章15節～16節） 155
8章18節～25節 159
（1）苦しみと栄光（エレミヤ書15章10節～11節） 159
（2）虚無と希望（イザヤ書40章6節～8節） 162
8章26節～30節 164
（1）万事が益となる（創世記22章15節～18節） 164
（2）栄光への歩み（詩編8編4節～10節） 166
8章31節～39節 169
（1）神が味方（詩編118編1節～16節） 170
（2）神の愛に結ばれて（詩編44編20節～27節） 172
（3）輝かしい勝利（イザヤ書53章6節～10節） 173
（4）わたしの確信（詩編36編6節～10節） 176

9章1節～5節 178
悲しみと痛みの中から（創世記17章1節～6節） 178
9章6節～13節 181
神の言葉は貫かれる（創世記書17章15～22節） 181
9章14節～18節 184
神の憐みによって（マラキ書1章2～5節） 184
9章19節～29節 186
神に造られた器（イザヤ書45章9節～12節） 187
9章30節～33節 189
信仰による義（イザヤ書28章14節～18節） 189
10章1節～4節 192
神の義によって（イザヤ書51章4節～8節） 192
10章5節～13節 195
心で信じ、口で言い表し（申命記30章11節～14節） 195
10章14節～21節 198

信仰は聞くことから（イザヤ書52章7節〜10節） 199

11章1節〜10節 201

神はその民を見捨てられない（列王記上19章11節〜18節） 202

11章11節〜12節 205

躓きから救いへ（詩編51編16節〜19節） 205

11章13節〜16節 208

神のご計画への信頼（民数記15章17節〜21節） 208

11章17節〜24節 211

神の慈しみと厳しさ（詩編52編3節〜11節） 212

11章25節〜32節 214

神の秘められた計画（イザヤ書59章15b節〜21節） 214

11章33節〜36節 217

栄光が神に永遠に（イザヤ書40章12節〜14節） 217

12章1節〜2節 220

（1）神の憐れみによる勧め（イザヤ書44章1節〜5節） 220

（2）なすべき礼拝（レビ記16章32節～34節） 222
（3）心を新たにし（エゼキエル書36章25節～32節） 224
12章3節～8節 228
（1）己を知る（箴言15章28節～33節） 228
（2）一つの体の部分として（詩編40編8節～12節） 230
（3）賜物を生かす（詩編28編28節～32節） 232
12章9節～21節 235
（1）偽りの愛（アモス書5章11節～15節） 236
（2）祝福を祈る（詩編67編1節～8節） 238
（3）すべての人と平和に（イザヤ書32章15節～20節） 240
（4）復讐からの解放（申命記32章35節） 242
13章1節～7節 245
良心に従って（ダニエル書2章17節～23節） 246
13章8節～10節 249
愛は律法を全うする（イザヤ書42章1節～4節） 249

13章11節～14節 252
（1）今はどんな時か（イザヤ書8章23b節～9章6節） 252
（2）主キリストを身にまとう（イザヤ書8章23b節～9章6節） 254
14章1節～12節 256
（1）あなたは何者か（詩編95編1節～3節） 257
（2）我らは主のもの（イザヤ書45章22節～25節） 259
14章13節～23節 262
（1）愛に従って歩む（イザヤ書53章6節～10節） 263
（2）神の国は義と平和と喜び（詩編16編7節～11節） 264
（3）神のみ前における確信（出エジプト記32章1節～6節） 266
15章1節～6節 269
忍耐と慰め（出エジプト記33章12節～17節） 269
15章7節～13節 272
望みの源なる神（イザヤ書11章1節～10節） 272
15章14節～21節 275

（1）神の福音のために（イザヤ書61章5節～9節） 276
（2）我らの誇り（イザヤ書52章13節～15節） 277
15章22節～29節 280
キリストの祝福を携えて（創世記12章1節～3節） 280
15章30節～33節 283
平和の源なる神（創世記32章23節～33節） 283
16章1節～16節 286
（1）主にあってよろしく（詩編24編3節～6節） 287
（2）教会から教会へ（ヨシュア記24章21節～24節） 289
16章17節～23節 292
善にさとく、悪には疎く（詩編34編9節～15節） 292
16章25節～27節 295
栄光が唯一の神に（詩編29編1節～2節） 295
おわりに 299

説教聴聞録

ローマの信徒への手紙

ローマの信徒への手紙　1章1節～7節

[1]キリスト・イエスの僕、神の福音のために選び出され、召されて使徒となったパウロから、[2]この
福音は、神が既に聖書の中で預言者を通して約束されたもので、[3]御子に関するものです。御子は、肉
によればダビデの子孫から生まれ、[4]聖なる霊によれば、死者の中からの復活によって力ある神の子と
定められたのです。この方が、わたしたちの主イエス・キリストです。[5]わたしたちはこの方により、
その御名を広めてすべての異邦人を信仰による従順へと導くために、恵みを受けて使徒とされました。
[6]この異邦人の中に、イエス・キリストのものとなるように召されたあなたがたもいるのです。[7]神に
愛され、召されて聖なる者となったローマの人たち一同へ。わたしたちの父である神と主イエス・キリ
ストからの恵みと平和が、あなたがたにあるように。

（1）主キリストの僕（創世記39章1節～6節）

教会暦新年（アドベント）に当たり、「ローマの信徒への手紙」の講解説教を始めます。このテキストは、AD56年頃にコリントに滞在していたパウロがローマ教会宛に送った口述筆記の書簡です（ロマ16・22）。

当時パウロは、世界の中心地であるローマを拠点として、遠く離れたイスパニアの果て（＝世界中に）までにも宣教をしたいとの遠大な幻を見ていました（ロマ15・24参照）。

またパウロの書簡は、特定の教会に宛てて出されたものでも回状のように諸教会に伝えられて行くことを常としていました（コロサイ4・16参照：この間の事情は、「ローマの人たち一同へ」（ロマ1・7）との宛先が省かれている写本が存在することからも伺える）ので、彼は未知の信者が読むことを前提にして、自己紹介からこの手紙を書き始めています。しかしパウロの自己紹介は、結果的には「福音に生かされて今あることの喜び」、すなわち、「キリストの福音」を語ることに他なりませんでした。すなわち、通常の手紙の書き出し（テサロニケ＆フィリピ参照）に倣うならば、「使徒パウロから、……ローマの人たち一同へ」で済むところでしたが、パウロは1章2節～6節にかけて、いきなり福音の注釈・解説を長々と始めます。このことからも、パウロがこの書簡に注ぐ並々ならぬ心情が伺えます。

講解説教第1回は、「キリスト・イエスの僕（δοῦλος：奴隷）」に絞って黙想をします。パウロは、自分に対しても同労者（コロサイ4・12参照）に対しても好んで「奴隷（δοῦλος）」という単語を使います。彼は、「人間は誰でも何かの（肉、罪、欲望の）奴隷である」ことを前提にして、「焼印（ガラテヤ6・17）を押されてイエス・キリストの所有物（奴隷）となっている」ことを誇っています。パウロは、かつては律法の奴隷（フィリピ3・5、6参照）でしたが、その状態を自由の身であると錯覚していました。しかし今や彼は、「主に召された者のみが真の自由の身分であり、その者はキリストの奴隷である」（Ⅰコリント7・22）というのです。

パウロは、キリストの奴隷とされていることに喜びと感謝を表しています。第一に、奴隷は主人なしでは生きられません。自分の意志で勝手に生きようとすると、人間は必ず思ってもいない罪を犯してしまうのです。勿論、主人であるイエス・キリストのみ声は現実には聞こえませんが、ただそのみ旨を問い続けて生きることこそが恵みです。何故ならば、その時私たちには聖霊が働いてくださるからです。

第二に、奴隷は、時には主人の代理人ともなり、主人の財産の管理をも命じられます（創世記39・1〜6参照）。キリストの代理者とはパウロだけのことではなく、キリスト・イエスに結ばれている全てのキリスト者のことです。

アドベントに入りました。心を新たにして主の僕として、主をお迎えする備えの歩みを続けて参りたいと祈ります。

（２００６年12月３日）

（２）神の使者（イザヤ書40章９節～11節）

パウロは、自分は「キリスト・イエスの僕《しもべ》」であると同時に、「召されて使徒となった者」である、と自己紹介を続けます。「使徒」とは、狭義では「イエスといつも一緒にいた者で、復活の証人である十二弟子」（使徒1・21、22参照）を指しています。しかし、その語源が「使者、大使」であることから、パウロはこの言葉を広義に解釈し、原始教会において一定の権限を与えられて尊重され、尊敬されていた「使徒職」の意味で用いています（ロマ16・7参照）。ここでパウロは、「自分は、直接にはイエス・キリストに仕えたことはないが、異邦人教会に与えられた使徒職にある者であり、特に、召されて使者となった者である」ことを強調しています。

「召す」の原意は、「呼び出す」です。パウロは、ダマスコにおける復活の主イエスとの劇的な出会いによって、「それまでの生き方」から「全く別な生き方」に「呼び出されました」。復活の主は、最初にケファに現れ、次いで、ヤコブを初めとする十二使徒に現れ、パウロにも現れてくださいました（Ｉコリント15・5～8）。すなわち、キリスト者は全員がこの召しを受けているのです。主に召された者は、内心で密かにキリストを信じているのではありません。キリスト者とは、救いに入れられた幸いを覚えつつ、日々の生活の全てを通してキリストを証しし、キリストの十字架と復活の出来事を指し示す「使者」なのです。

この世的な発想でキリストの出来事を語ろうとすると、パウロと言えども躓《つまず》くことがありました（使徒17・32参照）。しかし、アンティオキアでは、次の安息日にも同じこと（キリストの出来事）を話してくれるようにと頼まれました（使徒13・42）。ここでは、神が信仰を起こしてくださいました。「十字架（と復活）の言葉は、滅んでいく者にとっては愚かなものですが、救われる者には神の力です」（Ⅰコリント1・18）。このところに、神の知恵と力が示されているのです。

旧約の預言（イザヤ書40・9〜11）は、主イエス・キリストの十字架と復活によって、今、成就しました。私たちは、外敵から救い出され、神の支配の元へ移されました。

神の支配が確立したのです。悪なるものが打ち砕かれ、信じる者が取り戻されました。このことが「まことの救い」です。神から遣わされた使者は、神の命令に従って行動し、神のみ旨を世々に伝えます。私たちの歩みは欠けが多く、如何にも心もとないものがありますが、神のみ旨で遣わされているのですから、これほど心強いことはありません。キリスト者は、自分の力で生きる必要がありません。キリスト者の「力は、弱さの中でこそ十分に発揮される」のです（Ⅱコリント

12・9）。

（２００６年12月17日）

（３）神の福音（エレミヤ書1章4節〜8節）

ロマ書の書き出し（原文）は、「パウロ、僕、キリスト・イエスの、召された使徒、選び出された（分詞形）、神の福音のために」となっています。すなわち、「（神の福音のために）選び出された」は、「僕」にも「召された使徒」にもかかる言葉であり、「選び」と「召し」が直結していることを示しています（ガラテヤ1・15参照）。パウロは、先ず最初に「（神の主権のもとにある）神の一方的な選び」があり、その選びによって「キリストの僕（奴隷）となり、召されて使徒となった」との実感を持っていました。彼の召命感は、旧約の預言者エレミヤの召命（エレミヤ書1・4〜8）に通じています。エレミヤは、主から与えられたその任の重さに最初はたじろぎました。しかし主なる神は、「選び」と同時に「わたしが何時もあなたと共にいる」との約束をエレミヤに与えてくださいました。エレミヤは、この「選び」は「主なる神が一方的に与えてくださる恵みの選びである」と気が付いたときに、その突然の召命に従うことが出来たのです。

「選び」の語源は、「水平線（天と地を分ける）」であり、「他のものと区別する、分離する」ことを意味しています。「分離」をエリート意識に用いて「自分たちは、他のユダヤ人とは画すべき一線がある」と主張し、「思い上がり、高慢」となっていたのが所謂「ファリサイ派」です。実はパウロは、復活の主イエス・キリストに出会う前は、そのファリサイ派の一員でした（フィリピ3・5、6、使徒26・5）。主イエスは、ファリサイ派の人々の言動を厳しく糾弾《きゅうだん》なさいました（マタイ23・1〜、ルカ18・9〜参照）。まことの「選び」の目的は、「神の福音のため」であり、「謙《へりくだ》り、真実、信仰」に至るものなのです。

「福音」とは、旧約時代には「良い知らせをもたらした者への報酬」、「良い知らせを受けた者が行う献げ物」、「良い知らせ（戦勝、誕生）」という意味で用いられていましたが、新約聖書では「キリストによってもたらされた良い知らせ・キリストご自身」を意味します。

パウロは時折「わたしの福音」（ロマ2・16）ということがありますが、これは「神に対する感謝、親近感」を示している表現であり、福音の本質はあくまで「神の福音」です。

「福音」は第一に「神の姿」を映し出します。その「神の姿」は思いもかけないものでした。「福音」は、「神は愛である」ことを証ししました。「愛の神」は、「厳しく罰を与える神」を凌駕する神であり、その姿が十字架で示されたのです。

第二に、「福音」は神が送ってくださったものでした。「福音」は神のみ業であり、救いの過程の背後には神がおられるのです。

「福音」は、何時も喜ばしいメッセージであり、繰り返し新しく聞くべきものです。人間である限り、神に関しては何も知らないのですから、一度聞いて神を把握することは出来ません。救いは神から示されるのであり、畏れをもって絶えず聞かなければ分からないのです。しかも、その「福音」は「神が定めた良い知らせ」であり、人間が欲しているものとは限りません。神が、「真の喜び、悲しみ」とは何かを指し示し、神が私たちに喜びを与えてくださるのです。「福音」は、私たちを真の幸いに招き入れてくださいます。真の幸いの第一は、その幸いを受ける者・幸いに与る者とされたことです。そして幸いの第二は、直ちにその福音を宣べ伝えて行くことを許されたことです。私たちキリスト者は、「福音を告げ知らせずにはいられません。福音を告げ知らせなければ、私たちは不幸なのです」（Ⅰコリント9・15）。

今年も一年間、神の福音を宣べ伝える歩みを続けて参りたいと祈ります。（2007年1月7日）

（4）神の約束なる福音（出エジプト記16章1節～12節）

ローマの信徒へ宛てた手紙を、「パウロ、僕、キリスト・イエスの、召された使徒、選び出された、神の福音のために」（原文の順序）との自己紹介から書き始めたパウロは、（通常は、この後直ぐ宛先を明記するのだが）「福音」の単語に触れた瞬間に「自己紹介」から離れて「福音とは何か」を語り始めます。彼は、「福音を抜きにしては、自分の立場を語れず、また、ローマの人々との関係も成り立たない」との認識を持っていました。福音こそが教会・キリスト者間の結び目であり、かなめなのです。

キリスト者にとっては、「福音とは何か」は自明のことです。しかしパウロは、この箇所で敢えて福音に関する自分の理解を熱心に、かつ、慎重な姿勢で語っています。何故ならば、かつてパウロは、ガリラヤ地方に宣べ伝えた福音がいとも簡単に覆《くつがえ》させられた苦い経験（ガラテヤ1・6、7、3・1参照）を持っていたからです。誘惑に陥りやすい私たちは、間違いを防ぐために福音を繰り返し聞くことを求められています。同時に福音からは、聞く度に豊かな新しいメッセージが聞こえてくるのです。

パウロは、「福音は、御子イエス・キリストに関することであり、神の約束として既に（旧約）聖書が、不動のものとしてはっきりと記録している」と教えています。神は真実な方であり、一度約束されたことは必ず果たされます（私たち人間は、神の真実に対して何時も不誠実である。聖書は、その不誠実を明らかに記録しているが、聖書を紐解くまでもなく、私たちは自分の信仰を省みれば己の不誠実に直ぐ気が付く）。イエス・キリストは、神の約束の成就としてこの世に遣わされて来られたのです。したがって私たちは、神の赦しを請い求めつつ、悔い改めて歩む以外に術《すべ》がありません。私たちの歩みは、神の真実に支えられているのです。

パウロは、「自分は、神から遣わされたイエス・キリストにより、異邦人を信仰へ導くために使徒とされた」（ロマ1・5）と述べています。この「信仰」とは、「神の真実」と解することが出来ます。すなわち、「信仰」には「神の真実」が現れています。私たちは、自分が真実であるから信仰を持てるのではありません。神が「信仰」を起こしてくださるのです。エジプト（奴隷状態）から脱出して荒れ野に導き入れられたイスラエルの民は、神の救いのみ業の只中においても「肉」を求めて神に背きました（出エジプト記16・3参照）。しかし神は、そのような不誠実なイスラエルをも滅ぼすことなく、忍耐して「マナを与え」（出エジプト記16・13～36参照）、約束の地カナンへと導いてくださいました。ここに、神の救いのみ業の雛形が記録されています。

聖書に記されている神の救いのみ業は、今、主イエス・キリストの十字架で成就しました。しかも、その救いはイスラエルの民のみではなく、全人類に及んでいます。人間の功績によるのではなく、神の一方的な恵みによって救いが完結したのです。神は、実に忍耐強い方です。私たち人間が、如何に神の恵みを拒絶しようとしても、決して救いの約束を破棄しようとはなさいません。

主イエスは、その神の完全な愛の姿を「ぶどう園と農夫のたとえ」（マルコ12・1〜12）ではっきりと教えてくださっています。神はその忍耐を、「尊き独り子イエス・キリストを十字架につける」というまことに不可思議な方法で示してくださいました。十字架は、神の真実が貫かれた姿であり、十字架こそが私たち人間の希望です。

神の救いのみ業は、キリストにおいて確定しましたが、キリストの再臨も同じく神の新しい約束です。したがって、救いのみ業は未だ完成には至っていません。救いは、信仰者の歩みにおいて、世界の歩みにおいて進行形です。私たちは、常に神の約束なる福音に聞き従い、悔い改めてその完成を持ち望む歩みを続けて参りたいと祈ります。

（２００７年1月21日）

（5）神の子の受肉（イザヤ書7章13節〜15節）

パウロは、自己紹介の途中で「福音とは」と語り始めました。そして、「福音とは、単なる〝良い知らせ〟ではなく、〝御子にかかわる〟唯一つの良い知らせである」と定義し、今度は、「御子とは誰か」の説明を始めたのです。

パウロは、「御子（原文：彼〈神〉の子）、すなわち、わたしたちの主イエス・キリストは、まことの神の子であり、この方が〝わたしたちを友と呼び〟（ヨハネ15・15）、〝兄弟とみなしてくださり〟（マタイ12・49）、さらに、わたくしたちが神に祈る時、〝天におられるわたしたちの父よ〟（マタイ6・9、ルカ11・2）と呼び掛けることを許してくださいました。すなわち、わたしたちが〝自分は神の子である〟と言えるのは、この御子に迎え入れられたことに根拠があるのです」と説いています。

「御子に関すること」とは、「主イエス・キリストの十字架（と復活）の出来事」のことに他なりません。十字架は、「神の秘められた計画」（Ｉコリント2・1）であり、ここにのみ人間の救いの秘密があります。「キリストは、わたしたちの罪のために死なれました（Ｉコリント15・3）。すなわち、十字架の出来事の原因は、わたしたちの罪にあります」。パウロは、この事実のみに思いを集中し、そのことのみを「宣べ伝え」、かつ、「共に知りたい」というのです。

「福音は御子に関することである」と聞くと、主イエスの山上の説教（マタイ5章～7章）や黄金律（マタイ7・12）を思い出し、「この教えを守ることに福音がある」と思う者がいます。確かに、主イエスの教えを厳守すれば理想的な人間社会が実現する可能性はありますが、そこに「まことの救い」は存在し得ません。何故ならば、私たちのこの世には、主イエスの教えを遵守《じゅんしゅ》することが出来ない現実があるからです。主イエスは、私たちが教えを守ることが出来ないことを十分ご承知で、教えを授けてくださいました。私たちは、不可能とは知りながら、主の教えが指し示す方向を見続け、その道筋に身を置きつつ歩むことを求められています。そのことが、キリスト者の倫理なのです。勿論、その倫理に最後の救いがあるのではありません。その倫理の原動力は、十字架で救われたことによる変わることのない喜び、感謝です。その十字架こそが「まことの良き知らせ・福音」なのです。

十字架には、「私たちの罪が主イエスを十字架につけた」という消極的な面と同時に、「主イエスは私たちの罪を赦すために十字架にかかられた」という積極的な面があります。「主イエスは、……人間の姿で現れ、……十字架の死に至るまで従順でした」（フィリピ2・6～8）。すなわち、主イエスの誕生（受肉：ヨハネ1・14）は十字架を目指して為された神のみ業であり、神のみ旨なのです。クリスマスの出来事は、十字架の喜びの先取りです。聖書記者マタイは、「旧約の預言者（イザヤ書7・14）は、この出来事を既に預言していた」（マタイ1・23）と記しています。主イエスは、十字架によって私たちの罪を赦すと同時に、私たちに「付き添っていてくださる」ことを超えて、「私たちと共にいてくださる」のです。ここに主イエスとの交わりが生まれました。私たちは、新しい生き方に迎え入れられました。その交わりには喜びと感謝があります。悔い改めて聖餐に与り、主イエスの出来事（十字架と復活）を想起し、さらなる前進をして参りたいと祈ります。

（2007年2月4日）

（6）力ある神のみ子キリスト（イザヤ書42章1節～4節）

「御子は、肉によればダビデの子孫から生まれ、聖なる霊によれば、死者の中からの復活によって力ある神の子と定められた」（ロマ1・3、4）との告白は、原始キリスト教会の歩みにおける最古のキリスト論です。キリスト者はこの告白をすることによって神の約束を確かに想起します。何故ならば、「神の約束は預言者を通して与えられる」（ロマ1・2）のであり、旧約の預言者は「救い主は、ダビデの子孫から出現する」（イザヤ書9・5、11・1～5）ことをはっきりと証ししているからです。

しかしここでパウロは、「救い主がダビデの子孫から出現したこと」以上に、「み子の受肉（＝肉によれば）」、すなわち、「救い主はみ子の誕生として与えられた」とのメッセージを力強く伝えています。「まことの神なる主イエス」は、本来は知る必要がなかった人間の弱さと限界を、「まことの人」として体験され、かつ、その限界を担ってくださったのです（ヘブライ4・15参照）。ダビデは、まさにこの人間の弱さをさらけ出した人物でした（詩編51・1～参照）。「肉による」とは、「（その弱さと限界を持つ）人間の全存在」を意味しており、神が人間の形を取られたことに救いの道筋があるのです。

「聖なる霊（直訳：聖い霊）」とは、いわゆる「聖霊」のことではなく、み子の「神性」を表しています（「神は霊である」ヨハネ4・24。「彼の上にわたしの霊をおく」イザヤ書42・1に通じる）。すなわち、主イエスは、「死者の中からの復活によって神の子になった」のではなく、「永遠の初めからみ子であったイエスが、み子として崇められるようになった」のです。

キリスト教信仰は、この復活によって定まりました。「イエスは復活された」が、弟子たちの第一声であり、裏切りのユダの後任を選ぶ時も、「主の復活の証人」（使徒1・22）が選ばれています。「復活（直訳：復活させられた。ロマ6・4、9参照、主体は神）」とは、「死んだ筈の人間が生き返った」のではなく、み子イエスが、「力ある（直訳：力における）神の子」として信じられ、崇められる、という出来事のことです。しかも、主イエスの復活は私たちのための出来事です。「死者（原文：複数形、すなわち、私たちの意）が復活しないのなら、キリストも復活しなかった筈です」（Ⅰコリント15・15、16）。復活は、「キリストの実存における転換点であると同時に、人類の実存における転換点でもあります。復活によって、新しい時（アイオーン）が始まった」のです。

この方のみが、私たちを永遠の命へと導いてくださいます。しかも、その導きは決して荒々しいものではありません（イザヤ書42・3参照）。罪のさばきを一身に引き受けてくださったこの方にこそ、私たちの望みがあるのです。

（2007年2月18日）

（7）信仰による従順（詩編25編1b節〜5節）

パウロは、未だ訪れたことのないローマ教会の信徒たちに対して、「この方がわたしたちの主イエス・キリストです」（ロマ1・4）と語り始めます。彼は、自分と信徒達を結ぶものは「主イエス・キリストへの信仰」以外の何物でもない、との確信を持っていたのです。

パウロは、ダマスコ途上での回心を裏づけとして、「わたしたちは異邦人を信仰による従順へと導くために、恵みを受けて使徒とされた」（ロマ1・5）との確固たる自覚を持っていました。「恵みを受けて使徒とされた」と訳されている箇所の原文は、「〝恵み〟と〝使徒〟を受けた」であり、これは「恵みを受けた」ことと「使徒とされたこと」は、同時に起きた出来事であることを示しています。彼は「恵み」という言葉を、「主イエスの恵み、すなわち、十字架と復活で明らかとなった救いの恵み」以外の意味では用いていませんから、この「恵み」はキリスト者全員が受けたものです。すなわち、信仰者は全員が福音を宣べ伝える任務を担っているのです。パウロは、「福音を告げ知らせても、それは誇りではない。福音を告げ知らせないならば、わたしは不幸なのです」（I

コリント9・16）と述べています。言葉を変えて言えば、「恵みによって生きる」ことは「感謝して生きる」ことであり、そのこと自体「主イエス・キリストを証しして生きる」ことです。「大伝道者パウロと他のキリスト者たちの区別は、程度の問題に過ぎない。信仰者は、恵みに結び付けられている限りにおいて、復活の告知に参与している。そこに神のみ旨があるから、キリスト者はその使命を感じ取ることが出来る」と言えるのです。

異邦人に福音を宣べ伝える目的は、彼らを「信仰による従順」に導くことです。この箇所の原文は「信仰の（同格）従順」（口語訳）であり、「信仰という従順」、もしくは、「信仰における従順」を意味しています。すなわち、福音を受け入れたキリスト者は、「信仰を持ったから従順（敬虔）になった」のではなく、「十字架と復活の出来事（救いのみ業）に堅く結ばれて、神を崇めるように変えられた」のです。

「死に至るまで父なる神に従順」（フィリピ2・6～11）だったのが「わたしたちの主イエス・キリスト」です。勿論、私たち人間は神への従順を全うすることは出来ません。主キリストは、人間を救うために受肉され、十字架につけられ、高挙（復活、昇天）させられました。私たちは、主キリストのその従順を信じるのです。すなわち、「人間の従順」は「神がキリストを通して提供される福音を信仰によって受け取る」という新たな意義を持つようになったのです。

パウロは、ローマの信徒たち（私たちも同様）は主の従順によってキリストのものとされた、と言います。主キリストが、私たちをご自分のものとされて、今、生かしてくださっているのです。旧約の詩人（詩編25・1〜5）は、逆境にあっても堅く主を信じ、「あなたに望みをおく者はだれも決して恥（＝恵みから外れること）を受けることはない。どうかあなたに従う道を教えてください」と、必死に祈ります。

この祈りは、イエス・キリストの出来事によって成就しました。「信仰による従順」が与えられたのです。福音を信じ、福音を証しする歩みを続けて参りたいと祈ります。

（２００７年2月25日）

（8）恵みと平和に生きる（民数記6章22節〜27節）

パウロはこの手紙の宛先を、「神に愛され、召されて聖なる者となったローマの人たち一同」へと記しています。「神は、その独り子をお与えになったほどに、世を愛された」（ヨハネ3・16）のですから、「イエスを信じる者、すなわち、〝み子に関する福音〟（ロマ1・3）を信じる者は、当然のこととして神に愛されている」ことはパウロにとっては自明のことなのです。私たちは、この世の苦難に遭遇すると、しばしば神の愛に疑念を抱くことがあります。しかしパウロは、「苦難は忍耐を、忍耐は練達を、練達は希望を生む」（ロマ5・3、4）ことを確信し、「他のどんな被造物も、わたしたちの主イエス・キリストによって示された神の愛から、わたしたちを引き離すことは出来ない」（ロマ8・39）と断言しています。彼は、苦難を前提として、私たちはそこから豊かな信仰者として生かされていく、と説くのです。「聖なる」の原意は、「区別する、取っておく」です。すなわち、「聖なる者」とは、カトリック教会のいう所謂「聖人」ではなく、「キリストのものとされた」（ロマ1・6）ことを意味します。主イエスは、尊い命を犠牲にしてまで、愛する民をご自分のものとされました。したがって私たちは、己の汚れや愚かさを承知の上で、なお、喜んで「聖なる者」という名を頂くのです。「聖なる者」とは、キリスト者の生き方・在り方を最も良く示す呼び名であり、「救われた者の姿」そのものを指し示しています。

しかも、「聖なる者」となるのは、「召されること」が前提です。キリストを信じた時には、誰にでもこちら側の願望、必要性、動機があったことは否めません。しかし、その全てに先立って「召し」があった、とパウロは言うのです。さらにその「召し」は、一人ひとりにとってもかけがえのない大切なものですが、決して単独で行われるものではなく、「礼拝する群れ（一同）」として現れています。ローマ教会の人々は、繰り返し繰り返し、礼拝においてこの手紙を読んだことでしょう。同時に、「ローマの信徒へ」との宛先を省かれた数多くの写しが、世界各地の教会に配布されています。そして、今尚、私たちの教会へと引き継がれて来ているのです。

手紙の差出人と受取人が、共に主に選ばれ、召された者であることを確認した時、その両者が交わす挨拶は「わたしたちの父である神と主イエス・キリストからの恵みと平和が、あるように（ローマ1・7）」との祈りです。「恵み」は、ギリシャ風の挨拶「喜び」に由来します。天使がマリアに受胎を告知する時に用いた「おめでとう」（ルカ1・28）との挨拶は、この「喜べ」の慣用句的用法です。また、復活の主が婦人たちに「おはよう」（マタイ28・9）と声を掛けられた時も、同じ用語が用いられています。私たちの人生には、それぞれに喜びがありますが、その喜びは一喜一憂に満ちたものでしょう。

しかし、パウロの言う「喜び」はこれとは全く異質のものであり、内面から湧き出る「恵み」以外のなにものでもありません。その「恵み」は、主イエスの出来事（十字架と復活）に基づいており（Ⅰコリント15・3〜6）、その出来事は既に起こされ、その恵みは既に与えられているのです。したがって、「恵みがありますように」との祈りは、「与えてください」ではなく、「与えられている恵みを想起する」ようにとの祈りです。「平和」はユダヤ人が大切にしてきた「シャローム」であり、復活の主イエスご自身が弟子たちに与えてくださった賜物です（ヨハネ20・21）。主イエスは、神関係の修復と人間間の和解のための「平和」を与える方として顕現なされました。旧約のアロンの祝福（民数記6・24～26）は、今、主イエス・キリストの出来事によって成就しました。
主イエス・キリストの出来事は、主イエスの父なる神のご計画です。その父なる神を、今やパウロは「わたしたちの父」と呼んでいます。私たちは今、このパウロの思いを共にすることの出来る幸いを覚えます。私たちは、この祝福を頂き、この喜びを宣べ伝えるためにこの世に遣わされて行くのです。

（2007年3月18日）

ローマの信徒への手紙　1章8節～17節

[8]まず初めに、イエス・キリストを通して、あなたがた一同についてわたしの神に感謝します。あなたが
たの信仰が全世界に言い伝えられているからです。[9]わたしは、御子の福音を宣べ伝えながら心から神に
仕えています。その神が証ししてくださることですが、わたしは、祈るときにはいつもあなたがたのこと
を思い起こし、[10]何とかしていつかは神の御心によってあなたがたのところへ行ける機会があるように、
願っています。[11]あなたがたにぜひ会いたいのは、〝霊〟の賜物をいくらかでも分け与えて、力になりた
いからです。[12]あなたがたのところで、あなたがたとわたしが互いに持っている信仰によって、励まし
合いたいのです。[13]兄弟たち、ぜひ知ってもらいたい。ほかの異邦人のところと同じく、あなたがたの
ところでも何か実りを得たいと望んで、何回もそちらに行こうと企てながら、今日まで妨げられているの
です。[14]わたしは、ギリシア人にも未開の人にも、知恵のある人にもない人にも、果たすべき責任があり
ます。[15]それで、ローマにいるあなたがたにも、ぜひ福音を告げ知らせたいのです。[16]わたしは福音を恥
としない。福音は、ユダヤ人をはじめ、ギリシア人にも、信じる者すべてに救いをもたらす神の力だから
です。[17]福音には、神の義が啓示されていますが、それは、初めから終わりまで信仰を通して実現される
のです。「正しい者は信仰によって生きる」と書いてあるとおりです。

（1）福音を恥としない（エレミヤ書20章7節〜9節）

パウロは、願いつつも幾多の障害に妨げられ、なかなかローマに行けませんでした。人々の中には、「パウロは、ローマにおける迫害を恐れて怯んでいるのではないか」と非難・中傷する者たちがいたようです。しかしパウロは、「何故ならば（γαρ：新共同訳では省略されている）、わたしは福音を恥としない（ロマ1・16、17）」と述べ、ローマ伝道の希望をはっきりと表明しています。この宣言が、結果的にはロマ書全体の主題となり、かつ、福音によって救われ、福音によって生かされているキリスト者にとっての共通の行動原理となっていくのです。

主イエスは、「神に背いたこの罪深い時代に、わたしとわたしの言葉を恥じる者は、人の子もまた、父の栄光に輝いて聖なる天使たちと共に来るときに、その者を恥じる（マルコ8・38）」と言われました。「神に背いた時代」とは、歴史上のある特定の時期のことではなく、人間世界のことを意味しています。すなわちイエスは、「世界は変わったが、少しも変わらないのは罪にまみれている人間である。人間は、自己を誇って神に背き、主の言葉を恥じている」ことを指し示しておられるのです。

パウロは、人々のその罪の現状をつぶさに見ていました。アテネでは、異邦人の求めに応じて（使徒17・19）懸命に福音を宣べ伝えました。しかし、彼らの多くは死者の復活で躓いてしまいました（使徒17・32〜）。福音に対する人間の有様は、まさに福音を恥じているのです。旧約の預言者エレミヤは、神の名を語る者として立てられました。神の名は、存在の源・根拠であり、それ故に、愛の源を示唆しています。すなわち、神は人間を滅ぼすのではなく、慈しみをもって守ってくださる方なのです。

パウロも、神の名を語るために召し出されました。そして、パウロにとって神の名を語るとは、福音を宣べ伝えること以外の何物でもなかったのです。「十字架の言葉は滅んでいく者にとっては愚かなものです。ユダヤ人はしるしを求め、ギリシャ人は知恵を探します」（Iコリント1・18〜）が、「三日三晩大魚の腹の中にいた（=イエスの十字架と復活）ヨナのしるし」（マタイ12・40）以外には与えられません。十字架と復活こそが福音であり、そこにのみ、まことの救いがあるのです。福音は、「（神に背を向けている）ユダヤ人をはじめ、（知恵、金、物を求める）ギリシャ人にも（すなわち、全人類）、信じる者すべてに（等しく）救いをもたらす（ルカはここでもう一度、〝γαρ：何故ならば〟という）神の力です」（ロマ1・16）。福音は、神の力であるが故に、キリストを信じる私たちを恵みに生きるように変えてくださるのです。

（2007年4月22日）

（2）信仰によって生きる（ハバクク書2章1節〜4節）

パウロはハバクク書（2・4）を引用して、「正しい者は信仰によって生きる」とローマ教会の信徒たちを励ましています。ヘブル語原文は「正しい者は、彼の真実によって生きることになる（未完了）」となっていますが、これをLXX（70人訳聖書）が「義人は、神の（μου=私の）信仰（πίστεως）によって生きる」と意訳しました。自らを罪人と自覚している私たちは、「義人」と言われても自分のこととはとても思えないでしょう。しかし聖書は、私たちを正しい者と位置づけた上で、「義人は神の信仰によって生きるのである」というのです。（文語訳：「義しい者はその信仰によりて活くべし」口語訳：「義人はその信仰によって生きる」　新共同訳：「神に従う人は信仰によって生きる」）

パウロは、「私たちキリスト者は、福音に啓示された神の義ゆえに、神に赦され、神に受け入れて頂き義とされた」と励ましています。すなわち、神はご自身においてのみ神であられるのではありません。神は、私たちを包み入れてくださり、キリストにおいて義を示され、そして、人間の神となってくださいました。そこに福音があるのです。したがってキリストを信じる者は、自分も義と認められていることを学ばなければならないのです。言い換えれば、神は単独で神であられるのではありません。神は、被造物との関係、特に人間との関係で神であられるのであり、関係概念で捉えられなければならない方です（黙示録21章は、人間との関係を回復してくださり、救いを完成してくださるこの関係を良く証ししている）。この出来事（十字架と復活）を信じることが信仰であり、この関係を学ぶことが聖化の歩みとなるのです。

預言者ハバククは、バビロン捕囚が正に始まらんとしていた極めて深刻な状況下（戦闘状態）に置かれていました。その中でもハバククは、神のみ言葉を忘れることなく、「神に従う者は生きる」との絶大な信頼を神に置いていたのです。私たちの日常生活でも、危機に見舞われて神を忘れることがしばしば起り得ます。しかしパウロは、ハバククの預言（未完了形）は、福音によって既に成就したと教えます。「キリストを信じる者は、誰もが高ぶりを捨て、信仰によって生きる者となった」と彼は言うのです。「信仰によって生きる者は、信仰の人アブラハムと共に祝福されています。律法によっては、誰も義とはされません（ガラテヤ3・7〜14）。」神の真実に生きることとは、人間側の忠実・誠実とは何の関係もありません。私たちキリスト者は、「神の真実」（ＬＸＸ訳：私の信仰）によって生かされているのです。

（２００７年5月6日）

ローマの信徒への手紙　1章18節～23節

[18]不義によって真理の働きを妨げる人間のあらゆる不信心と不義に対して、神は天から怒りを現されま
す。[19]なぜなら、神について知りうる事柄は、彼らにも明らかだからです。神がそれを示されたのです。
[20]世界が造られたときから、目に見えない神の性質、つまり神の永遠の力と神性は被造物に現れており、
これを通して神を知ることができます。従って、彼らには弁解の余地がありません。[21]なぜなら、神を
知りながら、神としてあがめることも感謝することもせず、かえって、むなしい思いにふけり、心が鈍く
暗くなったからです。[22]自分では知恵があると吹聴しながら愚かになり、[23]滅びることのない神の栄光を、
滅び去る人間や鳥や獣や這うものなどに似せた像と取り替えたのです。

（1）神の永遠の力と神性（創世記1章24節～31節）

パウロは、「神について知りうる事柄（原文：神の知識 γνωστός）は、彼らにも明らかである（原文：明らかにされた）」と言います。「神の知識」とは、一義的には「神は私たちが知り得ない方で

ある。人間は神的人格を持ち得ない。神は創造者であり、人間は被創造物である」ということを示唆していると思われます。しかしここでパウロは、さらにより積極的に、私たちに与えられている神に関しての「感受性」に触れているのではないでしょうか。この「感受性」によって、私たちは既に神を知っています。したがって、私たちは「言い訳」は許されていません。「神の怒り」（ロマ1・18）は人間全てに示されたのです。すなわち、ここでの「彼ら」とは、話の筋道から読めば「自分を除いた異邦人」のことになりますが、私たちは「彼ら」とは自分のこととして受け止めねばならないのです。「成熟した世界の中心課題は、神への感受性の喪失である」（ボンヘッファー）と言われます。私たちは、今、「与えられている感受性が豊かになっているか。日々の歩みの中で閉じ込められてはいないか」を問われています。「目に見えない神の性質（原文：神の不可視性 the unseen things of Him）」は、被造物なる自然に既に啓示されています。旧約の詩人（詩編19・2〜5）は、自分に与えられた感受性を豊かに詠っています。主なる神は、ノアには虹を（創世記9・13「わたしは雲の中にわたしの虹を置く。これはわたしと大地の間に立てた契約のしるしとなる。」）、アブラハムには星（創世記15・5「主は彼を外に連れ出して言われた。『天を仰いで、星を数えることができるなら、数えてみるがよい。』そして言われた。『あなたの子孫はこのようになる。』」）を通して啓示をなさっています。主イエスも、「空の鳥を見よ、野の花を見よ（マタイ6・25〜）とお教えになり、ご自身もしばしば人里離れた自然の中に身を置いて神への祈りを献げられました（マタイ14・13「イエスはこれを聞くと、舟に乗ってそこを去り、ひとり人里離れた所に退かれた。」）。本来自然は神の栄光を現し、人間にはそのことの感受性が与えられているのです。

しかしパウロは、まだ先へと教えを進めます。すなわち彼は、被造物の第一に人間をあげるのです。人間は神に似せて造られました（創世記1・26、27）。人間のみが神と共に生きる存在であり、人間に神の永遠の力と神性が顕れているのです。現実は、人間に与えられた神の形は損なわれ（あるいは、失われたか）ています。勿論完全な神の形はイエスのみですから、人間にかろうじて残されている「しるし」から神を見ることは出来ませんが、この世界の歴史には明らかにその軌跡が残されているのです。救済の歴史は、神の神性を示しつつ、その神の形を修復するために進行しています。パウロの説く「神の永遠の力（原文：ἀΐδιος = everlasting、永遠（αἰώνιον）の命とは異なる用語）」とは、人間を守ってきたこの力のことであり、神の本来の姿が歴史に示されているのです。

人間は神の「姿：εἰκών」（Ⅱコリント4・4、コロサイ1・15）に造られました。しかし、へりくだることなく主イエスを十字架に付けてしまいました。弁解の余地はまったくありません。しかし、同時に、ここに大逆転が起こりました。その十字架が私たちを救いに招き入れてくださったのです。私たちは、取り戻されて、今、ここに生かされているのです。

（２００７年７月１日）

（2）神を神とする道（創世記3章1節～7節）

パウロは、「不信心と不義に対して、神は天から怒りを現されます」と言い、「なぜならば、神を知りながら、神を崇めることも感謝することもしないから」だと糾弾しています。私たちは、神に対する感受性は十分に与えられているから、「〝神は唯一だと信じている〟のです。しかしながら、行いの伴わない信仰は役に立ちません。神がアブラハムを義とされたのは、息子のイサクを祭壇の上に献げるという行いによってでした」（ヤコブ2・21）。信仰は、先ず信じ、かつ、全てを献げ、そして神を崇め（＝神に栄光を帰する）、言い換えるならば、神に感謝し、神を礼拝することによって完成します。すなわち、神を知るとは、神に如何に応答するか、如何に具体的に行動を起こすか、を問われることなのです。

十戒の第五戒は、「親を親とし、子を子として夫々に尊重すること」の大切さを教えていますが、神に対する人間の態度はその関係を損なう最たるものです。パウロは、「（あなたがたは）今は神を知っている。いや、むしろ神から知られているのに、なぜ、（神を崇めず、神に感謝せず）あの無力で頼りにならない支配する諸霊の下に逆戻りし、もう一度改めて奴隷として仕えようとしているのですか」（ガラテヤ4・9）と諫めます。「神を知る」とは、あれこれ神の属性を並べ立てることではありません。十字架と復活の出来事が既に起こった今、私たちはそこからさしくる光（暗闇の中に輝く光）の中におり、その光の故に神に知られ、「神に生かされて今ある、神の救いに入れられている」ことを知っているのです。

しかし、人間はあくまで愚かですから、「神を神として崇めること＝感謝すること」をせず、「かえってむなしい思い（原意：論じ合う）にふけり、心が鈍く暗く（原意：無知な心が暗くなる）なっています。すなわち、私たちは内面の思いに煩わされると同時に、人間同士論じ合ってばかりいるのです。「心」とは、知性、感情、心の動きのすべてであり、放置しておけば、神のことを思うことなく、人間のことのみに思いを向けてしまいます。その暗い心は、聖霊によらなければ明るくはなり得ないのです。

かのペトロも、素晴らしい信仰告白をした（マタイ16・16）その直後に、「神のことを思わず、人間のことを思っている」（マタイ16・23）と激しい叱責を受けました。これが人間の本性です。人間の愚かさは、被造物なのに神のようになれると思ったことに起因しています（創世記3・1〜7）。このため、自分では知恵があると吹聴する（＝度々繰り返す）のです（ロマ1・22）。しかし、「滅びることのない神の栄光を、滅び去る人間や鳥や獣や這うものなどに似せた像と取り替えることがあってはなりません」（ロマ1・23）。私たちは、主イエス・キリストの十字架が私たちを導いて、神を神とする道に取り戻してくださったことを知っているのです。

（２００７年7月15日）

ローマの信徒への手紙　1章24節～32節

24そこで神は、彼らが心の欲望によって不潔なことをするにまかせられ、そのため、彼らは互いにその
体を辱めました。25神の真理を偽りに替え、造り主の代わりに造られた物を拝んでこれに仕えたのです。
造り主こそ、永遠にほめたたえられるべき方です、アーメン。26それで、神は彼らを恥ずべき情欲にまか
せられました。女は自然の関係を自然にもとるものに変え、27同じく男も、女との自然の関係を捨てて、
互いに情欲を燃やし、男どうしで恥ずべきことを行い、その迷った行いの当然の報いを身に受けています。
28彼らは神を認めようとしなかったので、神は彼らを無価値な思いに渡され、そのため、彼らはしては
ならないことをするようになりました。29あらゆる不義、悪、むさぼり、悪意に満ち、ねたみ、殺意、不和、
欺き、邪念にあふれ、陰口を言い、30人をそしり、神を憎み、人を侮り、高慢であり、大言を吐き、悪事
をたくらみ、親に逆らい、31無知、不誠実、無情、無慈悲です。32彼らは、このようなことを行う者が死
に値するという神の定めを知っていながら、自分でそれを行うだけではなく、他人の同じ行為をも是認し
ています。

（1）無価値な思い（エレミヤ書10章12節～16節）

パウロは、「人は神を知りながら、神としてあがめることも感謝することもせず（ロマ1・21）、造り主の代わりに造られた物を拝んでこれに仕えた」（ロマ1・25）と糾弾します。ここでパウロが指摘していることは、木像（エレミヤ書10・3～5参照）などの具体的な偶像礼拝にとどまることなく、拝金主義、名誉欲に代表されるより広範囲な偶像崇拝の風潮に及んでいます。彼は、このような偶像崇拝は、「〝神の真理（＝神が神であられること）〟を人間が一方的に偽りに替えてしまうことである」というのです。

パウロは、「神と人間との関係の崩壊」を「性の乱れ」にたとえて戒めます。この用法は、当時の異教社会の倫理観を反映しているともストア哲学の手法の影響を受けているとも考えられます。しかし、神と人間の関係を性関係で説明する方法は、旧約で古くから用いられている手法（エレミヤ書3・6～13参照）であり、聖書では特に違和感のあることではありません。パウロは、旧約に倣《なら》い、「心の欲望のままに行動すると、神から与えられた自然の姿（心＝決断、思考、感受性）が正しく働かなくなり転落する（姦淫）。この人間の生き方の倒錯現象は、人間が高慢になり、人間が〝神の真理〟

を替えたからであり、かつ、このことは、神が為されたことである」と言います。私たちは一般的には、「良い結果は努力の成果であり、悪い結果は不作為のためである」と考え、全てのことを自分の責任で積極的に受け止めようとする傾向があります。しかし、この世は必ずしもこの筋道に当て嵌まることがなく、しばしば不条理と思われる出来事に遭遇します。このことをパウロは、すべては神のご計画・神のみ手の内にある。悪しき行いを行うのは、神が人間を「〝無価値な思い〟に渡され」（ロマ1・28）たからであるというのです。ここに、神の裁き・神の怒りが現れているのです。すなわち、「無価値な思い」とは、本来人間に与えられている「神を認識する理性という賜物、すなわち、価値」を放棄し、「神を認めない」ことを意味します。「主イエスの証しを受け入れないニコデモは、既に裁かれている」（ヨハネ3・18参照）のです。

私たちは、主イエスを十字架に引き渡しました。神が、私たちを無価値な思いに引き渡されたのです。私たちは、今尚、その無価値な思いに陥っています。しかし、十字架は私たちにその思いを思い出させてくださいます。そして、十字架はその思いから私たちを引き戻してくださる恵みでもあります。

（２００７年７月29日）

（2）人間の実態（詩編95編1節〜11節）

パウロは、「人間が、心の深奥で神を知ろうとしなかったので、神が人間を無価値な思いに引き渡され、その結果人間はしてはならないことをするようになった。そこに、神の怒りが示されている」と言います。そして彼は、さらに観点を変え、「罪の原因（不義・悪・むさぼり・悪意）から、隣人への憎しみ（ねたみ・殺意・不和・欺き・邪念）、高慢（陰口・そしり・神を憎む・人を侮る・高慢・大言・悪事をたくらむ・親に逆らう）、人間の行動の内面（無知・不誠実・無情・無慈悲）」に至る悪徳表を列記し、人間の実態を暴きだしています。これを聞く私たちの中には、「自分は殺意など抱いたことはない」と思う者がいるでしょう。しかし、山上の垂訓で主イエスは、「兄弟に腹を立てる者は殺人を犯したのと同じ裁きを受ける」と教えておられます。また、「神を憎む（θεοστυγής）ことなどする筈がない」と思う者もいるでしょう。しかしこのギリシャ語は「神が憎む」とも訳せる言葉であり（聖書ではここだけの特殊な表現）、人間は自己中心の思いに駆られると、神から憎まれ、神のみ手によって無価値の思いに引き渡されることが起こり得るのです。

ここまで人間の実態が暴きだされると、これを聞いて絶望する者は皆無でしょう。大概の人は、

「仕方がない。人間はこの程度のものなのだから」と観念してしまいます。しかし十字架は、その人間の実態が引き起こした出来事なのです。「私たちは、だれもまだ、罪と戦って血を流すまで抵抗したことはなく」（ヘブライ12・4）、絶望したこともありません。その罪は、主イエス・キリストがご自身で引き受けてくださっているのです。

私たちは、パウロが糾弾している悪徳は死に値することを知りながら、弁解しつつ自己を正当化し、かつ、人をも巻き込みながら悪を行ってしまいます。何故ならば、それが神の定めであり要求だからです。しかし、十字架はその弁解が無意味であることを指し示しています。私たちは、十字架を見上げる時、初めて罪の恐ろしさを知らされ、まことの悔い改めへと導かれるのです。同時に十字架は、罪の赦しを差し出していてくださいます。それ故、十字架は私たちに感謝と喜びを齎してくださるのです。「私たちは、絶望を受け止め、絶望しなければ救いへは招かれない」（ルター）のです。

この感謝と喜びは、「ひそやかで内面的な」生活の中に沸き起こります。真の悔い改めは、決して己の罪を世に向かって言いふらす「露悪主義」ではありません。「土の器である私たちは、心の秘密の一隅で神と出会う」（森 有正）のです。教会は、内面的な神との出会いを経験したその一人ひとりが集められて形作られています。ここに教会の礼拝があるのです。「ふさわしくないままで主のパンを食べたり、その杯を飲んだりすることなく」（Ⅰコリント11・27）、心から悔い改めて主の聖餐に与りたいと祈ります。

（2007年8月5日）

ローマの信徒への手紙　2章1節～11節

[1]だから、すべて人を裁く者よ、弁解の余地はない。あなたは、他人を裁きながら、実は自分自身を罪に
定めている。あなたも人を裁いて、同じことをしているからです。[2]神はこのようなことを行う者を正し
くお裁きになると、わたしたちは知っています。[3]このようなことをする者を裁きながら、自分でも同じ
ことをしている者よ、あなたは、神の裁きを逃れられると思うのですか。[4]あるいは、神の憐れみがあな
たを悔い改めに導くことも知らないで、その豊かな慈愛と寛容と忍耐とを軽んじるのですか。[5]あなたは、
かたくなで心を改めようとせず、神の怒りを自分のために蓄えています。この怒りは、神が正しい裁きを
行われる怒りの日に現れるでしょう。[6]神はおのおのの行いに従ってお報いになります。[7]すなわち、忍
耐強く善を行い、栄光と誉れと不滅のものを求める者には、永遠の命をお与えになり、[8]反抗心にかられ、
真理ではなく不義に従う者には、怒りと憤りをお示しになります。[9]すべて悪を行う者には、ユダヤ人は
もとよりギリシア人にも、苦しみと悩みが下り、[10]すべて善を行う者には、ユダヤ人はもとよりギリシア
人にも、栄光と誉れと平和が与えられます。[11]神は人を分け隔てなさいません。

（1）慈愛と寛容と忍耐を（詩編119編145節～152節）

パウロは、「（あなたは、神の定めを知っていながら、他人を仲間に入れて自分を正当化しようとする）だから、弁解の余地はない。ああ人間（＝全人類）よ、すべて人を裁くものよ」（ロマ2・1の直訳）と慨嘆し、「あなた（切実な思いをもって、同胞ユダヤ人に語り掛ける）は、自己を正当化しようとして、他人を（神から与えられた）律法を用いて裁いている。その裁きは、実は自分に対する裁きである」と、ユダヤ人を厳しく諌めています。

「裁く」の原意は「区別する、判定する」です。選民意識を持つユダヤ人へのこの戒めは、信仰の名によって自分を特別視するキリスト者にも当てはまることではないでしょうか。主イエスは、「人を裁くな。あなたがたも裁かれないようにするためである」（マタイ7・1～）とはっきりと教えてくださっています。しかし、人を裁く技術は、すべての人間が習うこともなく生まれつき身に付けています。逆説的に言えば、「人を裁くことによって、自分が裁かれ、その結果、私たちは悔い改めに導かれる」とも言えるでしょう。私たちは、「まことの裁きは神のみに属する」ものであり、「神は正しく（原文：真理を根拠に）お裁きになる」（ロマ2・2）ことを知っているのです。私たち人間にとって、他人からの裁きは耐えがたいものです。そこには邪推もあり、苦しみを強いられます。私たちは、この他人からの裁きに極めて敏感に反応しますが、それに反して、神の裁きにはあまりにも鈍感ではないでしょうか。ここでパウロは、「神の裁きを真剣、深刻に考えなければならない。他人を裁く者は、誰一人この神の裁きから逃れることは出来ないのである（ロマ2・3）」というのです。

神の裁きを説いたパウロは、一転して、「神の憐れみ（χρηστός、続けて「慈愛」と訳されている言葉と同じ）」を語ります。「神の憐れみ＝神の慈愛」は、「親切」であり、寛容（おおらか）と忍耐（気が長い）で「怒り」を抑え、私たちを「悔い改め」へと導いてくださいます。しかし、神の忍耐は終わりの日までであり、その日には神の怒りは現れます。事態は切迫しています。この神の忍耐に何時までも気が付かないと、日々の生活の内に神の怒りが積み上げられてしまうのです。

主イエス・キリストの十字架は、人間の罪を映し出しているのですから、私たちキリスト者はこの事態を良く承知しています。旧約の詩人（詩編119・149）は、この「神の裁きによって命が救われる」ことを洞察していました。「神の義は、福音に啓示されている」（ロマ1・17）のです。

私たちが生かされている「今・この時」は、神の慈愛（憐れみ）と寛容と忍耐の時です。終わりの日の裁きを覚え、心からの悔い改めをもって、神のみ名を呼び求める歩みを続けて参りたいと祈ります。

（2007年8月26日）

（2）栄光と誉れと平和が（申命記10章12節〜22節）

ロマ書2章5節と6節は、関係代名詞でつながれています。すなわち、「神の怒りを自分のために蓄えている者を（2・5）、神は、おのおのの行いによって裁かれる（2・6）」のです（詩編62・12、13参照）。「おのおのの行い」とは、「われわれが人間として為すこと為さぬこと、あるいは、歴史的な事実と心理的内面にあること、すなわち、姿に表れている外面的な態度と内面的な性質の全てを網羅している概念である」と言えるでしょう。言い換えれば、神のみ前における姿が問われているのです。また、見方を変えれば、「おのおのの行い」とは、「忍耐強く善を行い、栄光と誉れと不滅のものを求める者」（ロマ2・7）と「反抗心にかられ、真理ではなく不義に従う者」（ロマ2・8）と考えることも許されるでしょう。「善を行う」ことには自己犠牲が伴い、往々にして「恩着せがましい」行為となりかねませんが、ここで語られている事柄は、「神の（原文にはないが、この言葉を補足した神学者がいる）栄光と誉れと不滅を求める」ことに直結しています。願っていることは自己実現ではなく、神の不滅を確認することに他なりません。

さらに、求めているものは「神のものとされた者の栄光」とも考えることが出来ます。具体的な善行とは、神に喜ばれる行為であり、神との交わり自体が善行である、と言えます。この意味で、善行には忍耐が求められます。何故ならば、私たちは目に見えないものを望んでいるのですから、希望をもって忍耐して持ち望むのです（ロマ8・21〜25参照）。

信仰者、すなわち、善行を行う者は、自分の業を自分の所有物と思って誇ることはありません。すべての行いは常に神がなしたまうことであり、その行いを為す者が神の不滅に与ります。言い換えれば、その者のみが「神の祝福に入れられ、永遠の命を与えられます。」永遠の命とは、「唯一のまことの神と、神がお遣わしになったイエス・キリストを知ること」（ヨハネ17・3）です。この反対の生き方をする者に、神は怒りと憤りをお示しになるのです（ロマ2・8）。

ここで（ロマ2・10）パウロは、「栄光と誉れと不滅」の内、「不滅」を「平和」と言い換えています。ここに、永遠の命の秘密があります。「（ユダヤ人とギリシャ人の区別はなく）全て善行を行う者には、この世で苦難がありますが、それは平和を得るためです。この平和が主イエスの十字架と復活の出来事によって樹立されました。イエスは既に世に勝っておられます」（ヨハネ16・33）。「平和」とは「神が共にいてくださる」こと、「神が味方である」ことです。神は、人を分け隔てなさいません（申10・12〜22参照）。その救いは全人類に及びます。主の十字架は、誰をしても、「自分が優位であると主張できない」ことを指し示しているのです。

（2007年9月2日）

ローマの信徒への手紙　2章12節～16節

12 律法を知らないで罪を犯した者は皆、この律法と関係なく滅び、また、律法の下にあって罪を犯した
者は皆、律法によって裁かれます。13 律法を聞く者が神の前で正しいのではなく、これを実行する者が、
義とされるからです。14 たとえ律法を持たない異邦人も、律法の命じるところを自然に行えば、律法を持
たなくとも、自分自身が律法なのです。15 こういう人々は、律法の要求する事柄がその心に記されている
ことを示しています。彼らの良心もこれを証ししており、また心の思いも、互いに責めたり弁明し合って、
同じことを示しています。16 そのことは、神が、わたしの福音の告げるとおり、人々の隠れた事柄をキリ
スト・イエスを通して裁かれる日に、明らかになるでしょう。

わたしの福音（詩編19編8節～15節）

パウロは、「（神は、悪を行う者には、苦しみと悩みを下し、善を行う者には栄光と誉れと平和を与える

方であり、）神は人を分け隔てなさらない。（律法を知っているか否かは問われない）」と断言します。パウロは、一部の敬虔なることを自認するユダヤ人の信仰の在り方に問題を感じていたのです。彼らが持っていた本来純粋でへりくだったまことの信仰は、いつの間にか律法を誇り、思い上がり、選民意識に変化していました。パウロは、「私たちは、律法を表面的に守っているか否かではなく、神のみ前に如何に生きるか、律法の命じるところを行っているか否かを問われている」と教えています。勿論、パウロはこの箇所で「行いで義とされる」と教えているのではありません。ここで私たちに求められていることは、「主イエスに結ばれて、律法の求める方向をしっかりと見つめて生きているか」であることは言うまでもありません。律法を行うに完全な方は主イエス・キリストお一人であり、私たちは、主イエスに結ばれて義とされるのです。

カルヴァンは、「信仰義認」（ジュネーヴ教会信仰問答・問114）を確認した上で、「信仰は、われわれをして、もろもろの善き業に無頓着とならせるものでないばかりか、これら善き業がそこから生まれてくる根である。福音の教えは、信仰と悔い改めの二つの点に含まれている」（問127）と教えています。

すなわち、「善き業とは、清く生きることであり、その中心は悔い改めである」と教えているのです。

パウロは、「世界が造られたときから、目に見えない神の性質、つまり神の永遠の力と神性は（すべての）被造物に現れている（ロマ1・20）のであるから、ユダヤ人もギリシャ人も区別がない。彼らの良心がこれを証ししている」（ロマ2・15）と述べています。「良心」とは、「共に知る」という意味の合成語であり、「共に」とは当然のことながら「神」に他なりません。「良心の痛み」は、「神のみ旨に反する行い」によって生じるのです。また、「心の思い」（ロマ2・15）とは、自己中心の「理屈」（Ⅱコリント10・4）と同じ事柄です。その「心の葛藤」が生じること自体が、心に律法が記されているしるしなのです。

私たちの内に隠されている事柄は、終わりの日にキリストの出来事に照らし合わせて明らかにされます。すべてが、この一点・キリストを受け入れているか否かにによって裁かれます。このことは決して切捨てではありません。逆に言えば、すべての人がイエスの救いに招かれている、と言えるでしょう。パウロは、そのことを「わたしの福音」と言います。パウロを根底から支えている「わたしの福音」とは「わたしの宣べ伝える福音（Ⅱテモテ2・8）」です。それは、私たちにとっても「わたしの福音」であり、その福音によって私たちは今支えられ、完成の日を待ち望むことが出来るのです。

（２００７年９月16日）

ローマの信徒への手紙　2章17節～29節

[17]ところで、あなたはユダヤ人と名乗り、律法に頼り、神を誇りとし、[18]その御心を知り、律法によっ
て教えられて何をなすべきかをわきまえています。[19－20]また、律法の中に、知識と真理が具体的に示さ
れていると考え、盲人の案内者、闇の中にいる者の光、無知な者の導き手、未熟な者の教師であると自負
しています。[21]それならば、あなたは他人には教えながら、自分には教えないのですか。「盗むな」と説
きながら、盗むのですか。[22]「姦淫するな」と言いながら、姦淫を行うのですか。偶像を忌み嫌いながら、
神殿を荒らすのですか。[23]あなたは律法を誇りとしながら、律法を破って神を侮っている。[24]「あなたた
ちのせいで、神の名は異邦人の中で汚されている」と書いてあるとおりです。[25]あなたが受けた割礼も、
律法を守ればこそ意味があり、律法を破れば、それは割礼を受けていないのと同じです。[26]だから、割礼
を受けていない者が、律法の要求を実行すれば、割礼を受けていなくても、受けた者と見なされるのでは
ないですか。[27]そして、体に割礼を受けていなくても律法を守る者が、あなたを裁くでしょう。あなたは
律法の文字を所有し、割礼を受けていながら、律法を破っているのですから。[28]外見上のユダヤ人がユダ
ヤ人ではなく、また、肉に施された外見上の割礼が割礼ではありません。[29]内面がユダヤ人である者こそ
ユダヤ人であり、文字ではなく〝霊〟によって心に施された割礼こそ割礼なのです。その誉れは人からで

はなく、神から来るのです。

外見上ではなく、内面が（イザヤ書52章4節～6節）

パウロは、ロマ書2章に入り「あなたは」と2人称単数で語り始めます。「ユダヤ人と名乗り、律法に頼り（口語訳：安んじ）、神を誇りとし、……無知な者の導き手、未熟な者の教師を自負しているあなた」と語るパウロの念頭には、明らかにファリサイ人があるのでしょう。しかしパウロは、決して単に彼らを攻撃しているのではありません。パウロは、この手紙の読者がキリスト信者であることを前提（ロマ書の宛先はローマ在住のキリスト者）にして、ファリサイ派ユダヤ人を例として取り上げ、「経験・教養・趣味が、何らかの作用をして、信仰の妨げになることが起り得る」と警告しているのです。

パウロは、「ファリサイ派の人たちは、律法を安んじ（＝胡坐をかき）、神を誇り（特権意識から生じる自己顕示欲）、十戒（盗むな、姦淫するな、偶像崇拝禁止）を形だけは守っているが、その戒めを実行していない」と糾弾します。信仰は、人間の在り方そのものであり、信仰を教養程度と考えると、キリスト者も同じ過ちを犯します。主イエスの山上の説教も、「兄弟に腹をたてることは、人を殺すことであり、みだらな思いを抱くこと自体が姦淫である」と教えておられます。すなわち、律法は簡単に守れる戒めではなく、「律法によっては、罪の自覚しか生じません」（ロマ3・20）。私たちは、真の律法の前に立てば、ひれ伏して悔い改める以外に術がないのです。

個々の律法を守る時に私たちが問われていることは、「神を侮っていないか」です。旧約の預言者は、「支配者（＝イスラエルの指導者）たちはわめき、わたし（神）の名は常に（LXX が省略）、そして絶え間なく侮られている」（イザヤ書52・5）と言います。パウロは、「この預言（LXX より引用）はまさにキリスト者に向けられている警告である」（ロマ2・24）と教えているのです。さらにパウロは、ユダヤ人が誇りとする割礼を取り上げ、「割礼は、律法を与えられていることの確かな具体的な、神の恵みを実感できるしるしであるが、割礼を受けているから救われるのでない。問われていることは、割礼によって如何に変えられたかである」と教えます。

勿論ここでパウロは、「割礼を受けていない者（異邦人）も、律法を守れば救われる」と言っているのではありません。彼は、ユダヤ人の生き方を例に挙げて、「外見上ではなく、内面」（ロマ2・28、29）が大切であることを強調しているのです。預言者エレミヤは、「耳の割礼」（エレミヤ書6・10）とも「心に記す契約」（エレミヤ書31・33）とも言います。心に働き掛けてくださるのは、当然のことながら「聖霊」です。聖霊が、洗礼によって十字架の出来事を私たちの内面に刻み付けて

ください ます。

パウロは、この内面の出来事を「イエスの焼印を身に受けている」(ガラテヤ6・17)と言います。「焼印、傷」は、主イエスに従うキリスト者夫々が担う具体的な艱難でもあり、同時に、キリスト者固有の焼印でもあります。すなわち、内面を見つめるとは、十字架と復活の出来事を見つめることに他なりません。神は、その者を祝福し、喜びと誇りを与えてくださるのです。

(ガラテヤ6・17に関し、植村正久は「キリストのスティグマタ〈＝傷跡〉」との説教を残している。植村正久は、「イエス」と「キリスト」の違いを敢えて明確にし、「イエスとは、その在世中のこと、歴史に現れた方面に重点を置く」と定義した上で、「救い主、キリスト」を強調している。)(2007年9月30日)

ローマの信徒への手紙　3章1節～8節

「1では、ユダヤ人の優れた点は何か。割礼の利益は何か。2それはあらゆる面からいろいろ指摘できます。
まず、彼らは神の言葉をゆだねられたのです。3それはいったいどういうことか。彼らの中に不誠実な者
たちがいたにせよ、その不誠実のせいで、神の誠実が無にされるとでもいうのですか。4決してそうでは
ない。人はすべて偽り者であるとしても、神は真実な方であるとすべきです。

「あなたは、言葉を述べるとき、正しいとされ、
裁きを受けるとき、勝利を得られる」

と書いてあるとおりです。5しかし、わたしたちの不義が神の義を明らかにするとしたら、それに対して
何と言うべきでしょう。人間の論法に従って言いますが、怒りを発する神は正しくないのですか。6決し
てそうではない。もしそうだとしたら、どうして神は世をお裁きになることができましょう。7またもし、
わたしの偽りによって神の真実がいっそう明らかにされて、神の栄光となるのであれば、なぜ、わたしは
なおも罪人として裁かれねばならないのでしょう。8それに、もしそうであれば、「善が生じるために悪を
しよう」とも言えるのではないでしょうか。わたしたちがこう主張していると中傷する人々がいますが、
こういう者たちが罰を受けるのは当然です。

人間の論法を捨て（エレミヤ書32章36節～44節）

パウロは、「人間の不誠実のせいで、神の誠実（ピステス：πίστις）が無にされるか」（ロマ3・3）との問いを投げ掛け、「決してそうではない：μὴ γένοιτο」と強く否定します。神の救いの約束は人間の不誠実に左右されることなく確実であり、十字架がその証しであるというのです（「μὴ γένοιτο」はパウロの独特な表現方法。聖書で14回使われる。内10回がロマ書で、その内の2回がこの箇所）。さらにパウロは、「人間の不義（神に対する背き、逆らい）が神の義を明らかにするのか」との逆説的な論法を大真面目で取り上げます。「人間の論法に従って（直訳：人間に倣って）言えば」（ロマ3・5）、この論法は、自己正当化のための身勝手な責任回避の屁理屈であり、「良心を殺して成り立つ知的弁解」であり、ドストエフスキーがラスコーリニコフに言わせた「一つの微細な罪悪は百の善行に償われる」との空論に直結しています。しかし、「神は人間と約束されました。神の義とは、この約束に対する変わることのない誠実であり」、それが福音なのです。宗教改革者ルターも、「勇敢に罪を犯せ」と、あたかも罪を認めるかのようなことを言いましたが、これは文脈に沿って読めば「一層勇敢に信じよ。そして、大いに（悔い改めて）祈れ」との勧めに他なりません。そのことは、「人間は善を行う時にも罪を犯す」（ルター）存在であり、「その罪の現実の只中で神は救いの約束を果たしてくださる」という奇しき神の恵みを指し示しているのです。勿論、神がご自身の自由によって、人間の悪を用いられることはあり得ます。しかし、「神に肩を並べ、自分が神の業に何らかの寄与をしていると思う者は、（神に身を委ねることが出来ず）唯一の救いの可能性も失う」のです。私たち人間は、如何なる理由でも、自分の罪を正当化することは許されません。逆に言えば、全てを神に委ねる者が、神の恵みを受けることが出来るのです。「神の真実：アレセイア：ἀλήθεια」（ロマ3・7）は、人間の偽りとは無関係に貫き通されます。パウロがここで用いている「真実：アレセイア」は、ロマ3・3の「神の誠実：πίστις」とは別の用語であり、ヨハネ4・24（口語訳）の「（霊と）まこと：アレセイア：ἀλήθεια」と同じです。すなわち、「神の真実」とは、「神が神であられる」ことの根本に関わることであり、「神の義」に通じることです。

ここでパウロは、「わたしの偽り」（ロマ3・7）と、一人称単数で語り始めます。彼は、自分が裁かれるべき人間であることを十分に自覚し、「それでも救われる」との確たる信仰を証ししています。パウロが表明する罪の自覚は、キリスト者に共通のものです。私たちはこの一点でキリストの出来事と向き合い、キリストのみ前にひれ伏すのです。

旧約の預言者エレミヤは、「わたしは彼らに一つの心、一つの道を与えて常にわたしに従わせる。

……わたしは彼らに恵みを与えることを喜びとし、心と思いを込めて確かに彼らをこの地に植える」（エレミヤ書32・39〜41）と預言しています。主なる神は、「どうしようもないイスラエル」に対して、「大いに怒り、激怒しても」、なおかつ、救いの約束を与えてくださっているのです。この約束は、まさに十字架の出来事で成就しました。私たちは、罪の現実の只中にあっては何の弁解も出来ず、ただ神のみ前にひれ伏すのみです。「善が生じるために悪をしよう」などと主張する者が「罰を受ける（直訳：判決を受ける、断罪、恵みから洩れる）」のは当然です。すなわち、パウロはこの箇所で「人間の論法」の終結を宣言しているのです。私たちには、人間の論法に代わって、私たちの罪の身代わりとなって神の裁きをお受けになった主イエス・キリストによる「恵みの論法」が与えられたのです。

（2007年10月21日）

ローマの信徒への手紙　3章9節～20節

9 では、どうなのか。わたしたちには優れた点があるのでしょうか。全くありません。既に指摘したように、
ユダヤ人もギリシア人も皆、罪の下にあるのです。10 次のように書いてあるとおりです。
「正しい者はいない。一人もいない。11 悟る者もなく、
神を探し求める者もいない。12 皆迷い、だれもかれも役に立たない者となった。
善を行う者はいない。ただの一人もいない。13 彼らののどは開いた墓のようであり、
彼らは舌で人を欺き、その唇には蝮の毒がある。14 口は、呪いと苦味で満ち、
15 足は血を流すのに速く、16 その道には破壊と悲惨がある。17 彼らは平和の道を知らない。
18 彼らの目には神への畏れがない。」
19 さて、わたしたちが知っているように、すべて律法の言うところは、律法の下にいる人々に向けられ
ています。それは、すべての人の口がふさがれて、全世界が神の裁きに服するようになるためなのです。
20 なぜなら、律法を実行することによっては、だれ一人神の前で義とされないからです。律法によっては、
罪の自覚しか生じないのです。

真の神への畏れ（詩編14編1節～7節）

パウロは、選ばれた民であるユダヤ人の優れた点を数々挙げ、「その優れた才能は自分の手柄ではなく、すべては神の恵みのしるしである」ことを教えた後、「では、どうなのか」（ロマ3・9）と総括を始めます。パウロは、誇り高きユダヤ人とギリシャ人を全人類の代表としてその名を用い、「人間は皆、罪の下にある」と断罪するのです。ここでパウロは、今まで指摘してきた「不義・不信心・怒り・裁き」に代えて「罪：ἁμαρτία」という言葉を用い、かつ、「罪」に人格を与えています。すなわち、「罪」は人間を引っ張っていく強力な力を持ち、人間はその力の支配下にある、というのです。

「人間はすべて平等である」は近代が獲得した崇高の理念ですが、現実には様々な格差があり、必ずしも誰もが合意できることではありません。しかし「まことの平等」は、「すべての者は、神のみ前では罪人である」ことによって実感出来るのではないでしょうか。特に、「権利においての平等」を主張する者に「罪の下にある謙虚さ」があれば、「奪い合い」は「与え合う」に変わる可能性があると思われます。

パウロは、当時のユダヤ人の間でよく知られていたと思われる聖書のみ言葉を用いて、「罪は〝口〟と〝足〟に集約して現れる」と言います。口は「災いの門」であると同時に、「(神を賛美するその同じ口で、人を)死に至らす毒に満ちており、呪いを撒き散らします」(ヤコブ3・1〜参照)。足は、「罪のない者の血を流そうと急ぎ」(イザヤ書59・7、8)、「平和の道を知らない」(ロマ3・17)のです。何故ならば、「この世には正しい者がいない。〝誰も彼も(神に対して)役に立たず、善を行う者もいない〟(詩編14・1、3、53・2〜4)。〝彼らの目には神への畏れがない〟」(ロマ3・18、詩編36・2参照)からです。

パウロは、人間の現状を全面的に否定し、その〝罪〟を暴き出しました。「では、どうしたら良いのか」の答えは、「まことの神を探し求めて、神を畏れ、神のみ前に真実であることを切に願い、日々悔い改めて神の赦しを乞う」こと以外にありません。真実の畏れは、救いは神からのみ与えられることを知っている者の〝敬慕の情〟であるとも言えるでしょう。主イエス・キリストの出来事(十字架と復活)によって為された「神の憐れみと恵みの業」を知った者のみが、この〝敬慕の情〟を持つことを許されています。

(2007年11月25日)

ローマの信徒への手紙　3章21節～26節

[21]ところが今や、律法とは関係なく、しかも律法と預言者によって立証されて、神の義が示されました。
[22]すなわち、イエス・キリストを信じることにより、信じる者すべてに与えられる神の義です。そこに
は何の差別もありません。[23]人は皆、罪を犯して神の栄光を受けられなくなっていますが、[24]ただキリス
ト・イエスによる贖いの業を通して、神の恵みにより無償で義とされるのです。[25]神はこのキリストを立
て、その血によって信じる者のために罪を償う供え物となさいました。それは、今まで人が犯した罪を見
逃して、神の義をお示しになるためです。[26]このように神は忍耐してこられたが、今この時に義を示され
たのは、御自分が正しい方であることを明らかにし、イエスを信じる者を義となさるためです。

(1) ところがいまや（エレミヤ書31章31節～34節）

「福音には、神の義が啓示（ἀποκαλύπτεται）されていますが、それは、初めから終わりまで信

仰を通して実現される」（ロマ1・17）と断言したパウロは、一転して人間の罪の現実を私たちに突きつけました。福音を語るためには、人間の闇の部分を明らかにすることが必然のことだったのです。

「ところが今や」（ロマ3・21）、闇から光への大転換が起こりました。罪の当然の結末は、「滅びの宣言、刑罰」の筈が、そこに光が差し込み、思い掛けない形で「救いの道が成就した、神の義が啓示（πεφανέρωται）された」というのです。

新共同訳は、1章17節は「啓示」と、3章21節は「示す」と訳していますが、後者の方は「現実となった」、「出来事となった」の意味であり（口語訳：現された）、「主イエス・キリストご自身、キリストの出来事」のことを示唆しています。しかも、「その出来事は、律法と預言者が既に証ししていることであり、メシアの出現・救いのみ業の成就である」とパウロは指摘しています。

「神の義（δικαιοσύνη）」に関しては様々な解釈がなされている。共同訳（1978年）は、「神の救いの働き」（3・21）、「神との正しい関係」（3・22）と意訳した。新共同訳は、解釈を加えず両方とも「神の義」と直訳している。「神の義」とは、「神が神であられること」、「神の正しさが貫かれることに、まことの救いがある」ことを意味する。

パウロは、メシアの出現を「ところが今や」と万感の思いで語っていますが、この感動は一人パウロに留まるものではなく、キリスト者には常に新鮮な発見です。厳しい修行に明け暮れ、「律法は厳しい教師の顔をしている、神の義は憎い」とまで打ちのめされていた宗教改革者ルターは、「人が義とされるのは律法の行いによるのではなく、信仰による」（ロマ3・28）とのみ言葉に触れて救われた、と伝えられています。彼は、「神の義は恵みとして一方的に示された、ことを知ることによって、聖書の全貌がすっかり変わってしまった」と言います。「神の義とは、赦罪のことであり、神人関係が根本から変化すること」です。この神の義が、出来事として現われ、「イエスをキリストと信じる」者のみに与えられたのです。

旧約の預言者エレミヤは、この新しい契約の成就を預言していました。また、主イエスご自身が、「十字架（と復活）の出来事は新しい契約である」（ルカ22・20、Ⅰコリント11・25）ことをはっきりと教えてくださっています。

今や、神との関係が回復しました。人は皆、罪人であることにおいて同等であり、同時に、すべての人に救いのみ業が及ぶことにおいて差別がありません。人間間の敵意（差別感、優位感）という隔ての壁は、キリストがご自分の肉において取り壊してくださいました（エフェソ2・14～参照）。

待降節にあたり、この奇しき福音を「ところが今や」と新しく聞いたいと祈ります。

（２００７年12月16日）

（2）神の栄光に生きる（詩編8編4節〜10節）

〝今や〟、律法とは関係なく、信仰のみによって神の義が現実となりました。人間間のあらゆる差別が取り除かれると同時に、全ての人間は、罪の下にあるという悲惨な現実においても差別がないことが明らかにされたのです。ここに、「人間とは何ものか！」に関する聖書の厳しい洞察が示されているのです。この（宗教改革の原理となった）福音の真理に関してパスカルは、「人間は、天使でも動物でもない。そして不幸なことは、天使のまねをしようとすると、動物になってしまうことだ」（パンセ358）と述べています。人間は、被造物ではあるが動物とは根本的に異なります。「神は、人間をご自身に僅かに劣るものとして創られ、ご自身の栄光と威光とを冠として人間にいだかせ、その人間を何時も顧みてくださっています」（詩編8・5、6）。ただし、その「冠」はあくまで神のものですから、人間は神の栄光を現すものとして振舞うこと、すなわち、神と共に歩むことを求められています。逆に言えば、本来そのように祝福されて生きるように造られていたのです。

人間は、「神のようになりたい」と自由に（勝手に）決断をして、罪に陥りました。神の側から見ると、人間は楽園から追放されたのです。「神の栄光を現す」とは、「神のみ前に立つ・coram Deo」ことですが、人間は神との交わりを絶って「神からの誉れよりも、人間からの誉れ（ドクサー：栄光）の方を好み」（ヨハネ12・43）、人間との交わり、すなわち、他人から評価されることを望んでしまいました。この愚かな行為により、人間は「（人間が人間であるゆえんである）神の似姿」を破壊してしまいました。この「似姿」が全く喪失されたのか、あるいは、その残滓があるのかについては論議が分かれますが、いずれにしてもこの悲惨から抜け出す道は、ただイエス・キリストを信じる以外にありません。

「人間の偉大は、かれが自分の悲惨を知っている点で、偉大である。木は自分の悲惨を知らない。だから、（自分の）悲惨を知るのは、悲惨なことであるが、人は悲惨であると知るのは、偉大なことである。すべてこのような悲惨そのものが、人の偉大を証明する。これは大公の悲惨であり、廃された国王の悲惨である」（パンセ397、398）。

私たちが信じる主イエス・キリストは、「神の姿」（Ⅱコリント4・4、エイコーン：新共同訳は、〝似姿〟と訳した）そのものです。したがって、キリストを信じる者は、キリストによって神の栄光が与えられるのであり、このことが〝福音〟に他なりません。「私たちは、主の霊の働きによって、栄光から栄光へと、主と同じ姿に造りかえられていく」（Ⅱコリント3・18）のです。

キリスト者は、霊の働きを頂き、ただ悔い改めのみによって罪を自覚します。そして、神の似姿の回復、すなわち、栄化の歩みへと迎え入れられました。「イエス・キリストを信じることにより」（ロマ3・22）の原文は、「イエス・キリストの信仰（ピステス）により」です。したがってその内容は、新共同訳の通り「人間の神への信仰」でもありますが、同時に、「イエス・キリストにおける神の真実（ピステス）」とも解することが出来ます。「救い」は、今や、「神・キリストの真実」によって成就しました。この神の「真実」によって、私たちの歩みは守られているのです。

（2007年12月30日）

（3）無償の義（詩編49編6節～21節）

旧約の預言者エレミヤは、「クシュ人は皮膚を　豹はまだらの皮を変ええようか」（エレミヤ書13・23）と述べ、人間の罪の深さを嘆きましたが、パウロは、「今、神の義が与えられた・神の義が貫かれた（神が神であられる）、そこに救いがある、神は信じる者の姿を変えてくださる」（ロマ3・22参照）と断言します。パウロは、「わたしたちは皆、……栄光から栄光へと、主と同じ姿に造りかえられていく」（Ⅱコリント3・18）、すなわち、「神の恵みにより無償で義とされる（現在分詞・

受動態）。主の十字架によって一方的に大転換が為され、罪ある人間が義とされ続けていく」というのです。

聖書は、人間が自分の力で義となる筋道を徹底的に否定していますが、この「義認（宣義）から聖化（成義）」、すなわち、「この（法廷用語である）宣義は、神ご自身に根拠があるのであり、人間側に条件はない。すなわち、宣義は、神による無からの創造に他ならない」のです。「義とされる」とは、単に「罪あるままに罪なしと認められる」だけではなく、創造時に与えられた「神の似姿の回復」を意味しています。神は、キリストを信じる者に、新しい立場を作ってくださいました。悪魔の子が神の子とされ、神との交わりがある者に変えられたのです。礼拝がその確たるしるしです。

この宣義は、「ただキリスト・イエスにある贖い（〝業〟は意訳）を通して、無償で与えられました」（ロマ3・24参照）。無償とは、「主イエス・キリストが、ご自身の命を身代金として献げられた」（マルコ10・45、マタイ20・28）ことを意味しています。「闇の力の奴隷であったわたしたちは、贖われてキリスト・イエスの支配下に移されました」（コロサイ1・13）。この「贖い」は、無償（＝賜物）で与えられましたが、「魂を贖う値は高く、とこしえに、払い終えることはない」（詩編49・9）ほど高価な恵みです。この無償で与えられた神の義に対して、私たちが出来ることはただ感謝のみです。

今日から始まりますこの一年を、共に神に感謝して歩んで参りたいと祈ります。

（２００８年１月６日）

（４）罪を贖う供え物（レビ記16章11節～16節）

キリスト者としての実在・実存は、端的に言えば「神との交わりに生きている者」のことです。私たちがしばしば口にする「すぐる一週間も、神に背いて生きてきた」との思いは、あくまで悔い改めの祈りであって、キリスト者が神から離れて存在することはあり得ません。聖書は、「この事実は、神がその独り子イエス・キリストを仲立ちとして起こされた奇跡的な（あり得ないこと）出来事であり、その仲立ちとは〝償いの業〟である」と証ししています。

私たちが信じる主イエス・キリストは、教祖でもなく、信仰者の模範でもありません。〝償いの業（＝十字架の出来事）〟とは、「神が、（ご自身の救済のご計画に従って、）主イエスを、罪を償う供え物とされた」ということです。

「罪を償う供え物」と訳されている原文は、「ἱλαστήριον」の一文字であり、旧約の「贖いの座」（レビ記16・14）のことです。すなわち、旧約時代には、民の目から隠された至聖所で繰り返し行われていた贖いの儀式が、「信じる者のために」（ロマ3・25）、「主イエス・キリストご自身の血によって、ただ一度完全に、人々の目の前で行われた」のです。「信じる者のために」と訳されている原文は、「信仰を通して（口語訳：信仰をもって受くべき）」です。すなわち、この〝贖いの業〟は、信仰者一人ひとりが魂の深奥でしっかりと受け止めなければならない出来事なのです。

私たちキリスト者は、主イエス・キリストの尊い犠牲によって神との交わりに入れられました。ヘルマン・ホイヴェルス（元上智大学学長）は、「（この賜物に感謝するためには、既に活動期を過ぎた年齢の者でも為すべきことはあります。特に祈りは重要な奉仕であり、実りです。）……手は何も出来ない。けれども最後まで合掌できる。愛するすべての人の上に神の恵みを求めるために。すべてをなし終えたら、臨終の床に神の声を聞くだろう。〝来よ、わが友よ、われ汝を見捨てじ〟と――（最上の業）」と教えています。この〝祈り〟が〝神との交わり〟であり、その根拠（可能としたもの）が〝償いの業〟に他なりません。「（神がキリストを供え物と）なさった」（ロマ3・25）の原意は、「公にした、提供した」です。主イエスの十字架と同時に、「（神と人間の間を妨げる）神殿の垂れ幕は上から下まで真っ二つに裂けました」（マタイ27・51）。信仰は、各自の心の深奥の事柄ではありますが、道は全ての者に開かれました。私たちは、「主イエス・キリストの血によって立てられた新しい契約」（Ⅱコリント11・25）に招き入れられたのです。同時に私たちは、その救いの完成を望み見る歩みへと導かれています。

今日から始まります一巡りの日々を、主イエス・キリストを信じ、神との交わりに生き、その奇しき恵みを世に伝える歩みを続けて参りたいと祈ります。

（２００８年1月20日）

（5）今この時、神の義が（創世記6章4節～8節）

パウロは、「ところが今や、……神の義が示された」と高らかに宣言します。「神の義」とは、「神は、絶対的に正しい」ことを意味します。旧約聖書には、「地上にはネフィリム（原意：落ちる。堕落のシンボル）がいる。神は、その地上の悪をご覧になって後悔し、心を痛められた（創世記6・4～参照）」と記されていて、あたかも「神が間違いを犯した」かの印象を与えますが、このことは「人間の罪と神の憐れみの深さ」を指し示しているのであり、決して神の正しさを歪める記事ではありません。聖書は、「神は人間の罪に如何に敏感に反応されたか。神の義は一貫して貫かれた」ことを語っているのです。若し神が、「今まで人間が犯した罪（複数形：積み上げてきた罪）を見逃して」（ロマ3・25）くださらなかったら、人間は既に滅び去っていました。しかし神は、み心を痛めつつも、み使いを通し、あるいは、預言者を立てながら、人間に働きかけ続け、人間を守り続けてきてくださいました。それにもかかわらず、人間は罪を犯し続け、「その罪によって悲惨を招いて来たのです」（ハイデルベルク信仰問答・問3参照）。私たちは、神の被造物として、神に痛みを負わせていることを知らなければならないのです。

パウロは、「そのような人間を滅ぼされなかったのは、神が、神の義を貫くためであった。ここに神の論理がある」と教えます。しかし、今や、神の忍耐の時（原意：手を出さない。人間側から見ると、神の憐れみの時）は終わりました。この時（神が定め給う時）、主イエス・キリストの十字架の出来事によって、神の義が示されました。忍耐を続けてこられた神は、憐れみの愛を爆発されました。勿論、人間の罪は自然に解決するような軽いものではありません。すなわち、神の怒りが消え去ったのではありません。神の怒りは、み子に対して爆発し、み子がその怒りの全てを引き受けてくださいました。十字架は、愛と怒りの爆発が同時に起こった出来事なのです。

神の義、すなわち、神の正しさは、神の独り子イエス・キリストを犠牲にするという痛ましい手続きを経て、初めて私たちに示され、イエスを信じる者を「義」として受け入れてくださいました。勿論、まことの義なる方は神のみですから、私たちは「義ならざるにもかかわらず義として受け入れられ」、尚不完全ながら、永遠の命に結ばれた歩みを始めることを許されたのです。

この世にある者は全て招かれています。しかし、義とされるのは「イエスを信じる者のみ」です。

ここでパウロは、「イエス・キリストを信じる者」と言わずに、「イエスを信じる者」と言います。ここで「イエス」とは、「人間イエス」を意味します。「イエス」は、「まことの人」として「人間の罪をすべて負い」、「まことの人」として十字架で死なれたのです。

（2008年2月17日）

ローマの信徒への手紙　3章27節〜31節

27 では、人の誇りはどこにあるのか。それは取り除かれました。どんな法則によってか。行いの法則に
よるのか。そうではない。信仰の法則によってです。28 なぜなら、わたしたちは、人が義とされるのは律
法の行いによるのではなく、信仰によると考えるからです。29 それとも、神はユダヤ人だけの神でしょう
か。異邦人の神でもないのですか。そうです。異邦人の神でもあります。30 実に、神は唯一だからです。
この神は、割礼のある者を信仰のゆえに義とし、割礼のない者をも信仰によって義としてくださるのです。
31 それでは、わたしたちは信仰によって、律法を無にするのか。決してそうではない。むしろ、律法を
確立するのです。

（1）信仰の法則（詩編69編31節〜34節）

パウロは、「救いは、イエスを信じる信仰のみによってもたらされる。すなわち、救いに関しては、人間の誇りは決定的に取り除かれた。それは、〝行いの法則（ノモス：律法、法則）〟ではなく、

〝信仰の法則〟によるものである」と言います。「行いの法則」は、「自分を誇ろうとする生き方」であり、「人の誇りが捏造」されます。しかし、「信仰の法則」は「イエス・キリストの十字架に出会って、信じて救われる筋道」であり、「人間の誇り」を捨て去るものです。「十字架の言葉は、滅んでいく者にとっては愚かなものですが、わたしたち救われる者には神の力（デュミナス：ダイナマイトの語源）です」（Ⅰコリント1・18）。

宗教改革者ルターは、この「信仰のみ」に福音の真髄を発見しました。「福音のみ」は、あたかも「虫のよい、怠惰の教え」のような響きがありますが、実にここにこそ「福音の秘密（すなわち、救いは神の恵みによって一方的に与えられる）」が存在します。この福音の前には、「人間の誇り」などは飛び去ってしまいます。「もし、わたしの良心が、わたしは甚だしく罪を犯し、その戒めのどの一つも守ることがない、と責めても、……キリストがわたしに代わって果たされた服従をすべてわたし自身が成し遂げたかのようにみなしてくださいます。そして、そうなるのはただ、わたしがこのような恩恵を信仰の心で受け入れる時だけなのです」（ハイデルベルク信仰問答・問60）。

「信仰」は「神の真実」（カール・バルト）です。「わたしたちが神を愛したのではなく、神がわたしたちを愛して、わたしたちの罪を償ういけにえとして、御子をお遣わしになりました」（Ⅰヨハネ4・10）。そのイエスが、「わたしたちを愛してくださったのです」（ヨハネ15・12参照）。「信仰によってのみ、義とせられる」とは、「わたしが自分の信仰のゆえに、神に喜ばれるのではなく、キリストの償いと義と聖とが、神に対する、わたしの義となる」（ハイデルベルク信仰問答・問61）のです。「私たちが、功績をもって自分を飾るように信仰をもって自分を飾るなら、堕落を深めるだけです。」

かくして、人間の誇りは取り去られ、「神の誇り」が打ち立てられました。「誇る者は主を誇る」（Iコリント1・31）とあるように、「わたしたちは、キリスト・イエスを誇りとし」（フィリピ3・3）、「自分自身については、弱さ以外には何も誇らないのです」（IIコリント12・5〜）。私たちは、「誇るものは何もない己の貧しさを知ることによって神の恵みを誇ります。神を求める人々には　健やかな命が与えられますよう　御名を告白して、神をあがめる」（詩編69・31〜34）歩みを続けて参りたいと祈ります。

（２００８年２月24日）

（２）神は唯一である（申命記６章４節〜９節）

ユダヤ人にとっては、自分たちだけを救いへと導くと考えていた「行いの法則、すなわち、律法」は、「祝福（選び）のしるし」であり、かつ、民族にとっての偉大なる「誇り」でもありました。しかしパウロは、このような律法の意義を敢然と拒否したのです。パウロは、「律法は、救いへの道具ではなく、救われた者に、その恵みに対する感謝を具体的に示す道筋を教える戒めである」と言います（ハイデルベルク信仰問答は、「十戒」を「第三部・感謝」に位置づけている）。

「主イエス・キリストの出来事（十字架と復活）」によってのみもたらされた福音は、「神は唯一であるから、（その恵みは）ユダヤ人のみではなく、全世界に及ぶ」のです。復活の主イエスと出会って「目からうろこのようなものが落ちた」パウロは、「神は唯一である」とのメッセージに、福音の世界性を訴える切なる思いを示しています。

ユダヤ人にとって、「唯一の神」は大切な教えでした（申命記6・4～9、11・18～20）が、彼らはその律法を排他的に受け止めていました。しかし、「唯一の神の世界性」は、既に旧約聖書が明らかに証している教えです。この世界性を視野に入れたパウロは、「神は唯一であるが故に、異邦人の神でもある」と、その考えを展開して行くのです。

八百万の神を信じる日本人にとってこの「神の唯一性」は驚異的な教理でした。ある神学者は、「この教えに最も驚いたのは、植村正久牧師であったのではないか」とも言います。偶像を崇拝する者たちは、「神は唯一である」ことの「排他性」のみに目を向け、その「世界性」に気が付いていません（使徒17・16～参照）。しかし、その世界性は、私たちが守っているこの礼拝に決定的に示されています。一つの信仰共同体として集められた私たちの群れの中からは、信仰による一致を妨げる一切の区別（割礼）が取り除かれています。神の一つの家族として生きる道が開かれたのです。
キリスト者は、隣人とおおらかに付き合う自由が与えられています。何故ならば、私の神は隣人の神でもあるからです。律法は、この「神が唯一である」ことを証ししています。私たちは、この事実を隣人に宣べ伝える歩みを続けて参りたいと祈ります。

（２００８年３月２日）

ローマの信徒への手紙　4章1節～8節

1では、肉によるわたしたちの先祖アブラハムは何を得たと言うべきでしょうか。2もし、彼が行いによっ
て義とされたのであれば、誇ってもよいが、神の前ではそれはできません。3聖書には何と書いてありま
すか。「アブラハムは神を信じた。それが、彼の義と認められた」とあります。4ところで、働く者に対す
る報酬は恵みではなく、当然支払われるべきものと見なされています。5しかし、不信心な者を義とされ
る方を信じる人は、働きがなくても、その信仰が義と認められます。6同じようにダビデも、行いによら
ずに神から義と認められた人の幸いを、次のようにたたえています。7「不法が赦され、罪を覆い隠され
た人々は、／幸いである。8主から罪があると見なされない人は、／幸いである。」

福音の射程（創世記15章1節～6節）

福音は理論ではなく、全ての人に説き明かされるべき神の言葉です。パウロは、「福音を告げ知

らせないなら、わたしは不幸なのです」（Ⅰコリント9・16）と告白しています。しかし、福音が語られても、直ちに人々が受け入れるとは限りません。そこでパウロは、当時ギリシャ・ローマで定着していた対話方式を用いて具体的な相手（律法を重視するユダヤ人）を想定し、「では何と言うべきか」（3章～8章で5回使われている用法）と語り始めました。

同時代のユダヤ教徒は、「父祖アブラハムは、（イサク奉献に代表される）行いによって義とされた」と考えていました。これに対してパウロは、「聖書には、〝アブラハムの義は行いによる〟とは書かれていない。彼の行為は、人間の目で見れば多少は善い業であるとしても、神の前では誇るものは何もない。アブラハムは、確かに主の声に従った。しかし主の祝福は、アブラハムが戒めや命令・掟・教えを守ったから与えられたのではない。主体は先行する神の恵みであり、聖書はアブラハムが神のみ旨に従ったことのみを証しているのである」と、聖書をそのままに用いて（ユダヤ教を決して攻撃はせず、対話相手の論理には〝雄弁な沈黙〟を守り）、諄々と教えています。

アブラハムは、「見よ！」（創世記15・4）との神の臨在の言葉を聞き、主の約束をただ信じたのです。聖書は、このアブラハムの信仰のみを記しているのであり、そこには行為の跡は微塵も見受けられません。アブラハムの信仰は、その後も揺れ動きます（創世記16・1～4）。しかし主なる神は、アブラハムにご自身の約束を繰り返し思い起こさせ、彼の信仰を支え、導いてくださいました。

注目すべきことは、神が主格であることです。アブラハムはその神の恵みを受ける客体に過ぎません。つまり、〝神が何をしてくださった〟かが問題なのです。神の祝福自体が恵みであり、その恵みが先行しており、アブラハムはその恵みを発見し（得た）て信じました。神は、アブラハムの信仰を〝良し〟とされたのです。

この神のみ前に立つアブラハムの姿は、福音の前に立つ私たちの姿です。福音は、「神が何をしてくださったか」を明らかに示しています。この恵みを受け入れた者全てを神は〝良し〟としてくださいます。「そこではもはや、ユダヤ人もギリシャ人もなく、奴隷も自由な身分の者もなく、男も女もありません」（ガラテヤ3・28）。行いは、年齢・時代・男女・賜物によって夫々に格差があり、〝福音に如何に生きるか〟では問われることがありますが、救いの条件ではあり得ません。福音は、信じる者全てに届きます。福音の射程は、この一点にかかっているのです。（２００８年４月20日）

ローマの信徒への手紙　4章9節～12節

9では、この幸いは、割礼を受けた者だけに与えられるのですか。それとも、割礼のない者にも及びますか。
わたしたちは言います。「アブラハムの信仰が義と認められた」のです。10どのようにしてそう認められ
たのでしょうか。割礼を受けてからですか。それとも、割礼を受ける前ですか。割礼を受けてからではな
く、割礼を受ける前のことです。11アブラハムは、割礼を受ける前に信仰によって義とされた証しとして、
割礼の印を受けたのです。こうして彼は、割礼のないままに信じるすべての人の父となり、彼らも義と認
められました。12更にまた、彼は割礼を受けた者の父、すなわち、単に割礼を受けているだけでなく、わ
たしたちの父アブラハムが割礼以前に持っていた信仰の模範に従う人々の父ともなったのです。

信仰の父・アブラハム（創世記15章1節～6節）

人は誰でも「幸い」を追い求めてこの世の歩みを続けています。その最も大いなる幸いは、「神

から義と認められること」、言い換えれば、ダビデが詠うように「神からその罪を追求されないこと」（詩編32・1、2）です。パウロが説く「幸い」（ロマ4・9）は、このように「信仰によって義と認められ、神との交わりを許された幸い」です。その根拠は、主イエスが山上の説教（マタイ5・2〜12）で諄々と教えてくださっています。

パウロは、「この幸いは、（割礼を受けている）ユダヤ人だけに与えられている特権ではない」と言い、アブラハムのケースを取り上げて説明を始めます。アブラハムが割礼を受けたのは、99歳の時（創世記17・24）であり、主のみ言葉に従ってハランを離れてから24年後のことでした。アブラハムが受けた割礼は、「信仰によって義とされた」ことの「しるし」であり、「証し」に他なりません。主イエスが繰り返しお教えになった（ルカ18・9〜14、マタイ6・5〜8）ように、大切なことは形ではなく信仰です。（カール・バルトは、「ロマ書講解4・9〜12」に「信仰が始源である」と小見出しを付けている。）

キリスト教会は、エルサレム会議（AD49年）において「割礼問題」を取り上げてこれを排除し、目に見えない「洗礼」を選び取りました。この時、キリスト教はユダヤ教から決別し、自らのアイデンティティを確立したのです。キリスト者は、「約束された聖霊によって証印を押された」（エフェソ1・13）者です。「洗礼」は、神の約束を想起し、確認することであり、その根拠は「神の真実」

にあります。（宗教改革者ルターは、苦難に遭う毎に、「わたしは洗礼を受けている」と机上に書き、神の恵みを確認した、と伝えられている。）割礼も、本来は「神の真実に結ばれたことの喜び」のしるしでした。しかし、何時の間にかユダヤ人は、「神の側からの一方的な恵みを自らの功績であるかの如く誇るようになっていた」のです。

アブラハムが、割礼によるのではなく、「信仰によって義とされた」ことは、彼が「異邦人を含む全ての者の信仰の父である」ことを指し示しています。神の恵みの対象は、全人類に及んでいるのです。このようにして、「アブラハムは、無割礼の時に持っていた信仰の足跡を踏む人々」（ロマ4・12口語訳参照）の父となりました。すなわち、信仰にとって最も大切なことは、規則にがんじがらめになることではなく、（信仰の）継承です。信仰に生きるとは、決して自分勝手な独自な道を歩むことではないのです。

神の奇しき恵みは、信じて受ける以外に道はありません。信仰によって神の救いを確信できるから、私たちは安心して、自分の最善を尽くしてこの世の歩みを続けて行くことが出来るのです。

（2008年4月27日）

ローマの信徒への手紙　4章13節～17節

[13]神はアブラハムやその子孫に世界を受け継がせることを約束されたが、その約束は、律法に基づいて
ではなく、信仰による義に基づいてなされたのです。[14]律法に頼る者が世界を受け継ぐのであれば、信仰
はもはや無意味であり、約束は廃止されたことになります。[15]実に、律法は怒りを招くものであり、律法
のないところには違犯もありません。[16]従って、信仰によってこそ世界を受け継ぐ者となるのです。恵み
によって、アブラハムのすべての子孫、つまり、単に律法に頼る者だけでなく、彼の信仰に従う者も、確
実に約束にあずかれるのです。彼はわたしたちすべての父です。[17]「わたしはあなたを多くの民の父と定
めた」と書いてあるとおりです。死者に命を与え、存在していないものを呼び出して存在させる神を、ア
ブラハムは信じ、その御前でわたしたちの父となったのです。

神の約束に生きる（創世記17章1節～8節）

義とされるとは、「不法が赦され、罪が覆い隠され、主から罪があるとみなされないこと」（ロマ4・

7、8）、言い換えれば、「神との交わりに入れられたこと」です。神は、このようにしてアブラハムの信仰に従う者を義として、恵みによってその全ての者に「世界を受け継がせること」を約束してくださいました。「約束する」の原意には、「告げる、命令する、誓う、贈り物をする」の意が含まれています。すなわちパウロは、「神がアブラハムと交わした契約（創世記12・2、17・1～）は、神が恵みにより告げてくださり、誓ってくださった神からの一方的なプレゼントである」と考えているのです。

勿論、「世界を受け継ぐ」とは「世界の支配者になる」ことではありません。支配者は神お一人ですから、信仰によって義とされた者は、神の支配・神の祝福のもとで、その祝福に重ねて「メシア的世界」を受け継いで、「この世界に喜ばしく生きる」ことを意味しています。すなわち、その根底には「信仰による義・神との交わり」があるのであり、神から離れてこの世の生を楽しむところには真の喜びは存在し得ないのです。このことに関してカルヴァンは、「パウロがこの言葉の中に含めたのは、キリストにおいて期待され・希望されるべき世界の再建一般のことである。アブラハムには、単に天的な命の希望だけではなく、あらゆる点にわたって完成した・完全な神の祝福が提供されていた。信仰者たちも、この世の命にある間に、この祝福をなにがしかは味わっている。この世では、しばしば危急の中にあり、貧窮によって圧迫されていても、それは永遠の命の担保、ないしは手付金である」と説明しています。

さらに、終末的な観点から捉えると、この約束には終わりの時に明らかにされる「新しい天と地」（黙示21・1〜）に対するキリスト者の希望が含まれています。その時キリスト者は、「顔と顔を合わせて」（Iコリント13・12）神と対面します。すなわち、神との完全な交わりに入れられるのです。神が、このような素晴らしいプレゼントを一方的に与えてくださるのは、神が絶対的な力を持つ方だからです。神は「死者に命を与え、存在していないものを呼び出して存在させる方（無から有を呼び出される）」です。アブラハムは、「神は人を死者の中から生き返らせることもおできになれる」（ヘブライ11・19）と信じたのです。

アブラハムの信仰を受け継ぎ、かつ、十字架と復活の出来事を知らされたキリスト者は、この神の力を良く知っています。「呼び出された（創造行為を意味する）」キリスト者は、神が「私の存在に意味を与えてくださり、無きに等しい者である私を用いてくださる」ことに、神の再創造の力を知らされ、そこに神の全能を見出しました。神はその全能の力を、私たちの救いのため（復活の命に今生きるため）に用いてくださいます。この約束は、神のご意志であるから、それ故に確かなのです。

（2008年5月4日）

ローマの信徒への手紙　4章18節～25節

[18]彼は希望するすべもなかったときに、なおも望みを抱いて、信じ、「あなたの子孫はこのようになる」
と言われていたとおりに、多くの民の父となりました。[19]そのころ彼は、およそ百歳になっていて、既
に自分の体が衰えており、そして妻サラの体も子を宿せないと知りながらも、その信仰が弱まりはしませ
んでした。[20]彼は不信仰に陥って神の約束を疑うようなことはなく、むしろ信仰によって強められ、神
を賛美しました。[21]神は約束したことを実現させる力も、お持ちの方だと、確信していたのです。[22]だ
からまた、それが彼の義と認められたわけです。[23]しかし、「それが彼の義と認められた」という言葉は、
アブラハムのためだけに記されているのでなく、[24]わたしたちのためにも記されているのです。わたした
ちの主イエスを死者の中から復活させた方を信じれば、わたしたちも義と認められます。[25]イエスは、わ
たしたちの罪のために死に渡され、わたしたちが義とされるために復活させられたのです。

信仰によって強められ（創世記18章9節～15節）

主なる神から「イサクの誕生」を予告されたアブラハムは、「既に自分の体は衰えており（直訳：

死んでいる）、そのようなことは起こり得ない」（ロマ４・19）と思ってひそかに笑ってしまいました（創世記17・17）。その後、主のみ使いからも同じ予告がなされたのを天幕の陰で聞いていたサラも、アブラハムと同様に「ひそかに笑った」（創世記18・12）のです。

しかし主なる神は（み使いを通して）、サラの疑いの笑い・不信仰の笑い（肉体の衰えという根拠はあるものの）を厳しく糾弾なさいました。神の約束は、「不可能を可能とする」ものですから、私たちは、「神の言葉なるが故に、そのままに受け入れる」ことを求められています。後にマリアも、処女受胎というあり得ないと思われた神の言葉を素直に受け止めました。事実神は、アブラハムとサラの不信仰の「笑い」を、神が与えてくださった「祝福の笑い（イサク：笑いの意）」に変えてくださったのです。

パウロが「アブラハムは不信仰に陥って神の約束を疑うようなことはなかった」（ロマ４・20）と言っているのは、「アブラハムは何度も不信に悩んだが、その疑いを乗り越えて神の約束を信じ抜いた。彼は、〝死者に命を与え、存在していないものを呼び出して存在させる神を信じ、希望するすべもなかったときに、なおも望みを抱いて、信じ、故に信仰の父となったのである〟」（ロマ４・17参照）ことを強調しているのです。この神の約束は、アブラハムに限ってなされたことではなく、信じる者すべてに与えられています（ロマ４・23、24参照）。神の祝福の約束は、この世のすべての障害を突き破って実現するのです。

そして、今や、その約束はキリストの十字架と復活の出来事によって私たちすべての民に示されました。主イエス・キリストを信じる者は、すべてが「義」とされます。「義と認められる」とは、「赦しを与えられた」「神との関係が回復された」「神との交わりに生かされる」ことであり、不可能が可能となった出来事です。「われわれは、罪からの救いが、アブラハムに子が生れることより難しいことだったことを覚えているか！ これが主イエスにおける救いの出来事であり、ここに福音の喜ばしい響きがある」のです。

「イエスは、わたしたちの罪のために死に渡され、わたしたちが義とされるため（直訳：義のために）復活させられたのです」（ロマ4・25）。「義のため」とは、現在進行形を示唆しています。すなわち、私たちは「既に」義とされましたが、「未だ」その義は完成には至っていません。私たちは、「キリストとその復活の力とを知り、その苦しみにあずかって、その死の姿にあやかりながら、何とかして死者の中からの復活にあやかりたい」（フィリピ3・10、11）と祈りつつこの世の歩みを続けています。

アブラハムは、「信仰によって強められ、神を賛美しました（直訳：神に栄光を帰しつつ、信仰によって強められた）」（ロマ4・20）。彼は、自分の信仰心で励まされたのではなく、彼には（神が与えてくださった）信仰による確かな歩みが与えられたのです。そして私たちは、今、この約束の成就と同時に、「死者の中からの復活にあやかる」という新しい約束のもとに生かされています。主イエスの十字架は、この約束の確かな保証です。「信仰によって強められる」とは、この「新しい約束に堅く結びつけられる」ということです。

（２００８年５月18日）

ローマの信徒への手紙　5章1節〜5節

[1]このように、わたしたちは信仰によって義とされたのだから、わたしたちの主イエス・キリストによって神との間に平和を得ており、[2]このキリストのお陰で、今の恵みに信仰によって導き入れられ、神の栄光にあずかる希望を誇りにしています。[3]そればかりでなく、苦難をも誇りとします。わたしたちは知っているのです、苦難は忍耐を、[4]忍耐は練達を、練達は希望を生むということを。[5]希望はわたしたちを欺くことがありません。わたしたちに与えられた聖霊によって、神の愛がわたしたちの心に注がれているからです。

(1) 今の恵み（イザヤ書32章15節〜20節）

ロマ書5章1節〜11節は、聖書の中心メッセージです。「不穏当な言い方だが、たとえ旧新約聖書の全部が消え失せても、このみ言葉が残っていれば、用意されている救いが如何に素晴らしいかが分かる」とさえ言えます。

ここまでパウロは、(時々は気持の高ぶりを示すこともあったが) 理路整然と福音の真理を宣べ伝えてきましたが、ここに来て福音の素晴らしさに「喜びの絶叫」をあげています。すなわちパウロは、「アブラハムに起こった〝信じる者を義とされる〟神の出来事が、〝イエス・キリストの十字架の出来事〟によって、今、私に起こった。信仰によって私は義とされた。キリスト者の幸いの歩みの出発点がここにある」と告白しているのです。

さらにパウロは、「わたしたちの主イエス・キリストによって神との間に平和を得ている」と言います。私たちは、自分の努力や資質によるのではなく、イエス・キリストによって罪を赦され、神との交わりに入れられました。キリスト者の一日は、神との対話に始まり、何時も神に語り掛け、何時も受け入れられていることを確信する幸いの内に終ります。その神との交わりの中心に、聖日毎の礼拝が置かれているのです。

また、「神との平和」は、「自分自身との平和」をも意味しています。私たちは、自分自身を真剣に見詰めることによって、しばしば自己嫌悪に陥ることがあります。しかしパウロは、「自分は誰かに受け入れられている。その方は絶対者・神である」ことを知ることによって、「今の恵みに信仰によって導き入れられた」（ロマ5・2）と、重ねて（5・1と同様）強調しています。キリスト者は、「今、喜ばしく生きているか」が問われています。過去は、今の恵みに導き入れられる道筋です。そして、今の恵みを喜ぶことが出来れば、隠されている未来も喜んで受け入れることが出来るのです。「今の恵み」とは、勿論今与えられている健康、生活の糧等をも指すでしょう。しかし、その恵みに対する信頼は如何なることがあっても揺らぐことはあり得ません。旧約の預言「正義が造り出す平和」（イザヤ書32・15～）は、主イエスの十字架によって成就しました。

キリスト者の共通の望みは、「神の栄光に与る希望」（ロマ5・2）です。「神の栄光」とは、「神が神であられる」ことであり、その「栄光に与る」とは、「永遠の命に与ること・神との交わりに入れられること・顔と顔とを合わせて見ること」（Iコリント13・12）に他なりません。

「今の恵みに信仰によって導き入れられる（直訳：今立っている恵みに入るアクセスを信仰によって持っている）」とは、「今の恵みは将来の通路である」ことを意味しています。パウロは、「その希望を誇る」（ロマ5・2）と言います。自分に対する「誇り」は「罪」ですが、神のみ業についての「誇り」は「喜び」なのです。

（２００８年5月25日）

(2) 聖霊によって神の愛が (詩編25編1節〜5節)

パウロは、「今の恵みは、神の栄光に与る希望の保証であり、その希望は確かなものとして誇り得るものである」と言い、さらに、「苦難をも誇り得る」(ロマ5・3)と付け加えます。しかし、この原文は「それればかりでなく、苦難の中にあっても誇る」であり、パウロは決して「誇り得るものが、希望の他にもう一つある」と言っているのではありません。私たち人間のこの世の一生は、何時も順風満帆ではなく、逆に苦難の連続の歩みである、と言えるでしょう。特に「キリスト者として生きる」ことは苦難と直結していることがあります。しかし、その苦難は神が与えられたものですから、そのままに受け入れなければなりません。苦難の中でも、希望は決して消え去ることがなく、否、むしろ益々増し加えられて行きます。パウロは、「キリストのために苦しむことも、恵みとして与えられている」(フィリピ1・29)と言い、また、「(肉体に与えられた棘とも言える)自分の弱さを、大いに喜んで誇る」(Ⅱコリント12・7〜)とまで言っています。この意味で宗教改革者ルターはこの箇所を敢えて「苦難そのものを誇る」と意訳したのです。

「(苦難が生む)忍耐」も、けっして一般論ではなく、「希望を持って、神の恵みに立ち続ける〝キリスト者の忍耐〟」を指しています。キリスト者は、「体の贖われることを、心の中でうめきながら（忍耐して）待ち望んでいます。このような希望で救われるのです」（ロマ8・23、24）。

この「忍耐」から「練達」が生まれます。「練達」の原意は、「金属の純度テストに合格すること」です。すなわち、キリスト者の「信仰の純粋、恵みに対する純心」、「傷つき易い心を神に向けて、その涙を神にぬぐっていただくという純粋な信仰」は、「忍耐」から生まれて来ます。キリスト者は、決して行き詰ることのない、さらなる希望を受け止める歩み、すなわち、希望から希望へと続く、したたかな、やわらかな歩みをこの世で続けているのです。

希望は「欺くことがありません（直訳：恥をもたらさない）」。旧約の詩人が、「主に望みをおく者はだれも　決して恥をうけることがない」（詩編25・1～5）と預言したように、希望は幻想に終わることがありません。その根拠をパウロは、「聖霊によって、わたしたちの心に注がれた（原意：既に注がれ、とどまり続けている）神の愛である」（ロマ5・5）と言います。「心（カルディア）」とは、人間の感覚・判断の場であり、その心に神の愛は注がれ、その心を神が支配してくださいます。

キリスト者は、聖霊によって既に神の恵みに支配され、満たされ、その恵みから離れないように変えられています。今日から始まる一回りの日々を、この神の恵みに支配されている者としてふさわしい歩みを続けて参りたいと祈ります。

（２００８年６月１日）

ローマの信徒への手紙　5章6節～11節

6
実にキリストは、わたしたちがまだ弱かったころ、定められた時に、不信心な者のために死んでくださった。
7
正しい人のために死ぬ者はほとんどいません。善い人のために命を惜しまない者ならいるかもしれません。
8
しかし、わたしたちがまだ罪人であったとき、キリストがわたしたちのために死んでくださったことにより、神はわたしたちに対する愛を示されました。
9
それで今や、わたしたちはキリストの血によって義とされたのですから、キリストによって神の怒りから救われるのは、なおさらのことです。
10
敵であったときでさえ、御子の死によって神と和解させていただいたのであれば、和解させていただいた今は、御子の命によって救われるのはなおさらです。
11
それだけでなく、わたしたちの主イエス・キリストによって、わたしたちは神を誇りとしています。今やこのキリストを通して和解させていただいたからです。

（1）神の怒りからの救い　（イザヤ書12章1節～3節）

「神の愛」は「わたしたちがまだ弱かったころ、定められた時に、不信心な者のために死んでくださった」（ロマ5・6）ことによって顕わされました。「弱い」とは、多くの者が持っている「人間的な弱さ」を意味しています。人は誰でも、生老病死の不安に振り回されて絶望的になり、「諦め」という弱さに対する「甘え」を抱きがちです。その「甘え」が不信心に通じているのです。しかしイエス・キリストは、この「弱い者」のために、「定められた時」に、すなわち、「神のご計画」によって十字架で死んでくださいました。パウロは、「そこに、神の愛がある」ことを発見したのです。パウロは、「正しい人（〝自分で正しいと思い込んでいる人〟の意）のために死ぬ者はほとんどいないが、善い人のために命を惜しまない者ならいるかもしれません」（ロマ5・7）と言いながら、「十字架の死は、そのような死とは全く異なる。十字架の死は人間同士の愛とは比較することも出来ない死んでくださったのである。すなわち、イエス・キリストは、不信心な者・罪人のためにと断言しています。「神は、わたしたちの罪を償う（原文：罪に関しての）いけにえとして、御子をお遣わしになりました」（Iヨハネ4・10）。「（その御子）キリストがわたしたちのために死んでくださった（過去形）ことにより、神はわたしたちに対する愛を示されました（現在形：すなわち、今も示し続けておられる）。ここに（神の）愛があります」（ロマ5・8）。私たち罪人が受ける当然の酬いは死である筈なのに、その死を神が引き受けてくださったのです。パウロは、この「神の犠牲」

を思って感激したのです。

「それで今や」（ロマ5・9）、私たちは罪人であった時とは全く異なる状態、すなわち、「罪赦された罪人」（ルター）に変えられました。すなわち、「キリストによって神の怒りから救われるのは、なおさらのこと（＝より一層確かなこと）です」（ロマ5・9）。

「神の怒り」は、最後の審判における「来るべき怒り」（Ⅰテサロニケ1・10）であり、パウロにとっては切実なものでした（ロマ1・18〜2・16参照）。しかし、今、パウロは「神は、（ご自身が）燃やされた（正当な）怒りを、（最後の審判の時ではなく、今）翻してくださった」（イザヤ書12・1〜3参照）、すなわち、「十字架の出来事にイザヤ書の預言の成就を発見した」のです。

最後の時にならなければ分からないと思っていた救いは、今、十字架の出来事によって確実なこととして私たちに約束されました。「キリストは、私たちを終わりまで完全に・かつ安全に保持してくださる」（カルヴァン）のです。

（2008年6月22日）

（2）神を喜び誇る（エレミヤ書9章22節〜23節）

パウロは、「何故ならば（γαρ：新共同訳は省略）、敵であったときでさえ、御子の死によって和解させていただいたのであれば、和解させられた今は、御子の命によって救われるのはなおさらです」（ロマ5・10）と言い、赦された喜びを声高らかに語ります。「敵」とはここで初めて用いられている言葉ですが、その意味は「弱かった時の不信仰・罪人」のことを指しています。「罪人であった私たちは、神の一方的な恵みであり、一度限りの全き犠牲であるみ子の十字架の死によって、神と和解させられた（＝救われた）」ことは確かな事実ですが、パウロはさらに言葉を変えて、「私たちは、み子の命（復活の命）によって救われた」と言い直しています。「十字架の死による救いが、復活の命によってさらに確かになり、私たちは永遠の命（時間を超えた神との関係）に入れられた」のです。もはや、この神との関係（平和）は、何物によっても破壊されることはありません。

さらにパウロは、「〝しかし（δέ：新共同訳は省略）、それだけでなく〟、十字架と復活の出来事に触れ、この事実に結ばれた者は、その生き方が根底から変えられ、〝神を誇りとする〟ようになる」（ロマ5・11参照）と言います。「誇る」の原意は「驕り・飾る」であり、もともとは人間固有の本性とも言うべき性質のものです。パウロ自身も、かつては肉を誇ることでは他に引けをとらない人物だったのです（フィリピ3・5、6参照）。しかし、キリストの十字架と復活は、そのような賜物である才能等とは全く無関係に、人間の在り方を根底から変換する出来事でした。旧約の預言者エレミヤは、「目覚めて、神を知ることを誇れ。そのことを神は喜ぶ」（エレミヤ書9・22、23）と預言しています。エレミヤが預言した「慈しみと正義と恵みの業」（エレミヤ書9・23）は、今、み子の十字架と復活の出来事によって成就しました（Ⅰコリント1・31、Ⅱコリント10・17参照）。主イエス・キリストを信じて主に結ばれた私たちは、この業を成し遂げられた「神を誇りとする」（ロマ5・11）という「まことの誇り（＝喜び：口語訳）」を得ることが出来たのです。

パウロは、「今やこのキリストを通して和解させていただいたからです」（同5・11）と重ねて語り、充実感溢れる神との交わりの回復に喜びの叫びを上げています。「神を喜び誇る」歩みにより、「内なる人は日々新たにされていきます」（Ⅱコリント4・16）。私たちは、日々その品質が高められ、聖化され続けていくのです。

（２００８年7月6日）

ローマの信徒への手紙　5章12節～14節

12 このようなわけで、一人の人によって罪が世に入り、罪によって死が入り込んだように、死はすべての人に及んだのです。すべての人が罪を犯したからです。13 律法が与えられる前にも罪は世にあったが、律法がなければ、罪は罪と認められないわけです。14 しかし、アダムからモーセまでの間にも、アダムの違犯と同じような罪を犯さなかった人の上にさえ、死は支配しました。実にアダムは、来るべき方を前もって表す者だったのです。

罪が死をもたらす（創世記3章1節～7節）

パウロは、救われた喜びに浸りながら、否、喜びの只中にいるからこそ、「罪と死」に考えを集中していきます。「罪と死は恵みを知ることによって初めて知ることが出来る」のです。修道者が「メメント・モリ（死を覚えよ）」を日常の挨拶に出来るのは、救いの恵みを確信しているからこそでしょう。聖書は、死からの救いを語っており、信じる者はそれ故に日々が充実しています。現実から目をそらすのではなく、喜んで福音のもとでの死を覚え、死の彼方に希望を持つことこそがまことの生き甲斐なのです。

「罪は一人の人によって世に入り」(ロマ5・12)、抜き難く根付きました。アダムとエバが、神の禁止命令に背いたからです。「善悪を知る」ことは、人間の倫理にとって本来必要なことですが、「神のように」が問題となりました。神にとって代わろうとする傲慢さは、人間と神との並立を示唆しており、神と人間を断絶するものです。パウロは、ここで初めて〝死〟を取り上げ、人間が持つ生まれながらの本性であるこの罪、すなわち、神との敵対が、すべての人に〝死〟を招いたのである、と言います。すなわちパウロは、罪と死は律法が与えられる以前のアダムの時から厳然と存在しており、「すべての人が罪を犯した(単純な過去形ではない、現在、未来を含む)」と言います。罪の力は、圧倒的であり、それによってもたらされる〝死は最高の法・主〟なのです。

パウロは、「(罪と死の代表的な人物である)アダムは、きたるべき者の型である(口語訳)」と言います。すなわち、十字架のキリストは、罪を犯して神に見捨てられた人間の現実を指し示しているのです。「最後のアダム、すなわち、第二の人キリスト」(Iコリント15・46、47参照)は、この人間の現実(死)を引き受けてくださいました。十字架を仰ぎ見るキリスト者は、その死から救い出されたことを知るのです。勿論、誰もこの世の肉体の死からはまぬがれることが出来ません。しかし、復活の主は、「最後の敵としての死を滅ぼされました」（Ⅰコリント15・26参照）。肉体の死は、神の国への入り口となったのです。私たちキリスト者は〝今や〟、既に死が滅ぼされた時を神の赦しの中で生き、復活の時を持ち望んで歩み、そして望みを抱いて死ぬことが出来るのです。

（２００８年7月20日）

ローマの信徒への手紙　5章15節〜21節

[15]しかし、恵みの賜物は罪とは比較になりません。一人の罪によって多くの人が死ぬことになったとすれ
ば、なおさら、神の恵みと一人の人イエス・キリストの恵みの賜物とは、多くの人に豊かに注がれるのです。
[16]この賜物は、罪を犯した一人によってもたらされたようなものではありません。裁きの場合は、一つ
の罪でも有罪の判決が下されますが、恵みが働くときには、いかに多くの罪があっても、無罪の判決が下
されるからです。[17]一人の罪によって、その一人を通して死が支配するようになったとすれば、なおさら、
神の恵みと義の賜物とを豊かに受けている人は、一人のイエス・キリストを通して生き、支配するように
なるのです。[18]そこで、一人の罪によってすべての人に有罪の判決が下されたように、一人の正しい行為
によって、すべての人が義とされて命を得ることになったのです。[19]一人の人の不従順によって多くの
人が罪人とされたように、一人の従順によって多くの人が正しい者とされるのです。[20]律法が入り込んで
来たのは、罪が増し加わるためでありました。しかし、罪が増したところには、恵みはなおいっそう満ち
あふれました。[21]こうして、罪が死によって支配していたように、恵みも義によって支配しつつ、わたし
たちの主イエス・キリストを通して永遠の命に導くのです。

(1) 恵みの豊かさ (詩編25編6節～11節)

主イエス・キリストの十字架の死によって、もはやすべての人は、アダムによってもたらされた悲惨な罪と死を負わなくなりました。パウロは、この「恵みの賜物は、(人が負わされた)罪とは比較になりません」(ロマ5・15)と言います。勿論、「罪」と「恵み」を単純に比較することはナンセンスです。「天秤の一方に罪、片一方に恵みを載せて、釣り合ったから罪が帳消しになる、などとは決して言えません。若し、両者を天秤に載せたら、恵みの方が遥かに重いので、罪は飛び上がってしまうでしょう。」パウロはここで、「恵みの豊かさは圧倒的に大きい」ことを説いているのです。さらにパウロは、「多くの人が死ぬことになったとすれば、神の恵みと(その恵みの成就である)イエス・キリストの恵みの賜物(カリスマ)は多くの人に注がれる」と続けています。「多く」とは比較上の数ではなく、「全ての人」という意味が込められているのです。

私たちは、自分に良いことがあると「恵みが注がれた」と言い、願っていないことが起きると「恵みが分からない」と、神の恵みを自分の都合で考えがちです。しかし、神の恵みは既に十字架で起こった出来事であり、以来、何時も十分に注がれています。私たちは、「身勝手な眼鏡ではなく、罪人の目に合った、キリストの救いという眼鏡」を通して物事を見ることが求められています。さらに言えば、キリストの救いは、この世を超えていますから、この世で満ち足りて終ることではありません。同時に、キリストを通して見ると、圧倒的な神の裁きが見えて来ます。「裁きの場合は、一つの罪でも有罪の判決がくだされますが、恵みが働くときには、いかに罪があっても、無罪の判決がくだされます」(ロマ5・16)。ここに逆転が起きたのです。

旧約の詩人は、「神のみに依り頼む貧しい人に道を示してください。この罪深いわたしを赦してください」(詩編25・6〜11)と祈りました。この祈りが主イエス・キリストの十字架で聞き届けられ、成就しました。

パウロは、「(アダムによってもたらされた)死が支配するようになったとすれば、(慈しみとまことに満ちあふれた)この恵みと義の賜物とを豊かに受けている人(複数形)は、〝罪から解放されて、イエスを通して、命において、王になる〟」(ロマ5・17b直訳)と言います。この「人(複数:人々)」とは、信仰共同体である「教会」を示唆しています。教会は、罪から解放されて「自由となり、自らも僕となる自由」(ルター)が与えられ、主の平安の中で生きる生が与えられているキリスト者の群れなのです。

(2008年7月27日)

(2) 恵みが支配する（イザヤ書53章11節～12節）

パウロは、「神の恵み、すなわち、主イエス・キリストの出来事（十字架と復活）で成就した救いのみ業」の一点に集中して語り続けていきます。この神の恵みが分かれば、私たちは「全世界のことが分かり、かつ、自分の人生が一変する」というのです。一人の人アダムが犯した罪は、全人類に共通する罪です。この世に起こる不条理なこともその罪の結果です。しかし神からの有罪判決は、その罪の結果から出るのではありません。有罪判決は、神に見捨てられた状態、すなわち、「死」そのものです。しかもその「死」は、私たちがこの世を去ってからも尚、私たちに臨んで来るのです。

このような悲惨な状態に陥っている私たちに、神は自らのみ手を差し伸べてくださいました。(「何故ならば」ロマ5・19の原文：新共同訳は訳していない)、アダムの不従順によって私たちが罪人とされたように、一人の人イエス・キリストが「正しい業（ロマ5・18）、すなわち、従順（ロマ5・19）」によって私たちを正しい者とされたのです。私たちが「義とされて命を得ることになった」(原文：命の義）のは、自分の功績によるのではなく、ただキリストの従順によるものでした。まさにキリストは、十字架の死に至るまで従順だった（フィリピ2・6～8・キリスト賛歌）のです。

「赦される」とは、「命が与えられる」ことに他なりません。「死」は神に見捨てられ、神と断絶することですが、「命」とは神に受け入れられ、この世を去っても保たれる「永遠の命」（ヨハネ3・16）であり、神の恵みとして与えられるものです。

パウロは、本来は祝福のしるしであった律法は、思い掛けない形で人間の中に「入り込んできた、それは、罪が増し加わるためであった」（ロマ5・20）と表現しています。すなわち、私たちは「律法に照らされて自分の罪の責任を一層深く思うようになり、その結果、罪はより一層癒される」というのです。「恵みが満ちあふれた」との過去形の表現は、罪が増し加えられた頂点において、「決定的な出来事（主の十字架）がただ一度（一回限り）起こった」ことを指し示しています。

旧約の預言者イザヤは、「わたしの僕は、多くの人が正しい者とされるために　彼らの罪を自ら負った」（イザヤ書53・11）と預言しています。いま、この預言は主イエス・キリストの十字架によってまさに成就しました。そして、この一回限りの出来事は、現在も尚繰り返し私たちに問い掛け、悔い改めへと招き導き、かつ、恵みが私たちを支配していることを指し示しているのです。

（２００８年８月３日）

ローマの信徒への手紙　6章1節～14節

1では、どういうことになるのか。恵みが増すようにと、罪の中にとどまるべきだろうか。2決してそう
ではない。罪に対して死んだわたしたちが、どうして、なおも罪の中に生きることができるでしょう。3
それともあなたがたは知らないのですか。キリスト・イエスに結ばれるために洗礼を受けたわたしたちが
皆、またその死にあずかるために洗礼を受けたことを。4わたしたちは洗礼によってキリストと共に葬ら
れ、その死にあずかるものとなりました。それは、キリストが御父の栄光によって死者の中から復活させ
られたように、わたしたちも新しい命に生きるためなのです。5もし、わたしたちがキリストと一体になっ
てその死の姿にあやかるならば、その復活の姿にもあやかれるでしょう。6わたしたちの古い自分がキリ
ストと共に十字架につけられたのは、罪に支配された体が滅ぼされ、もはや罪の奴隷にならないためであ
ると知っています。7死んだ者は、罪から解放されています。8わたしたちは、キリストと共に死んだのなら、
キリストと共に生きることにもなると信じます。9そして、死者の中から復活させられたキリストはもは
や死ぬことがない、と知っています。死は、もはやキリストを支配しません。10キリストが死なれたのは、
ただ一度罪に対して死なれたのであり、生きておられるのは、神に対して生きておられるのです。11この
ように、あなたがたも自分は罪に対して死んでいるが、キリスト・イエスに結ばれて、神に対して生きて

いるのだと考えなさい。[12] 従って、あなたがたの死ぬべき体を罪に支配させて、体の欲望に従うようなことがあってはなりません。[13] また、あなたがたの五体を不義のための道具として罪に任せてはなりません。かえって、自分自身を死者の中から生き返った者として神に献げ、また、五体を義のための道具として神に献げなさい。[14] なぜなら、罪は、もはや、あなたがたを支配することはないからです。あなたがたは律法の下ではなく、恵みの下にいるのです。

(1) 新しい命に生きる（エゼキエル書18章30節～32節）

『罪が増したところには、恵みはなおいっそう満ちあふれる（ロマ5・20）』のならば、罪の中に留まればよいではないか」と、パウロの教えを曲解するものが現れてきました。「キリスト者（わたし）には、すべてのことが許されている」（Ⅰコリント6・12）ことは確かなことですが、この自由を自己中心的に利用して生きることは、人間にとっては極めて魅力的なことなのです。しかしパウロは、「決してそうではない」（ロマ6・2）と、このような自堕落な生き方を烈しく否定しています。

ただ一度決定的な出来事によって、人間の罪との関係は完全に断ち切られました。すなわち、「私たちが二度と罪に戻ること」は断じてあり得ません。「キリスト者は罪人であり、同時に、義人である」（ルター）とは、「救われて義とされたが、尚罪を抱えて悩まされている」人間の実存を教えているのです。

旧約の預言者エゼキエルは、イスラエルに裁きを伝えていますが、その宣言の根底には、一貫して悔い改めへの招きがあります（エゼキエル書18・30、31参照）。悔い改めた者の生き方は、神の御旨に沿って生きることです。信仰者は、信仰によって（具体的には洗礼）内面的に決定的な変化が起こり、神に対する態度が一変します。すなわち、「キリスト・イエスに結ばれる（原意：浸される）ために洗礼を受けたわたしたちは皆、その死にあずかる」（ロマ6・3）のです。「皆」とは「例外がない」ことを示唆しています。洗礼は、教会への入会式であることは事実ですが、洗礼を受けた全ての者の内面で起きることは、「十字架で死んだイエス・キリストに結ばれて罪に死に、その復活に与って、新しい命に生きる（原意：歩む）」ことです。

頂いた新しい命を味わいつつ、かつ、永遠の命を望みつつ、心もとない歩みではありますが、その確かな歩みを一歩一歩進めて参りたいと祈ります。

（２００８年８月10日）

（2） 主と一体になって（イザヤ書53章5節～6節）

洗礼を受けるとは、「キリスト・イエス（その死の中）に浸される（直訳）」ことを意味しています。「人間は死に向かう者」（ハイデッカー）であることは事実ですが、信仰者は皆（そのような一般論ではなく）、「〝キリストの死〟に浸されている」のです。すなわち信仰者は、「その死への洗礼を通して、キリストと共に葬られ」（ロマ6・4直訳）、決定的に「死んだ」のです。この事実をさらにパウロは、「（洗礼を受けた者は）一体になってその死の姿にあやかる」と言いかえています。「死の姿」とは言うまでもなく「あの十字架の死の姿」です。キリストは、イザヤ書の預言（イザヤ書53・5、6）の成就として、人間の罪のために十字架で死なれました。その死は、単なる肉体の死ではなく、神に見捨てられた罪人の死（フィリピ2・6～8参照）でした。パウロは、「信仰者は、そのキリストの死の姿にあやかるならば、キリストの復活にもあやかれる」と勧めているのです。「あやかる」の原意は「同じになる」ことであり、「接ぎ木」（ロマ11・17）のイメージに繋がっています。

ここで十字架に付けられて殺された体は、「私たちの古い人間」（ロマ6・6直訳）です（エフェソ4・22～24参照）。「古い人間」とは、アダムに結びついた生き方であり、「罪の体」（ロマ6・6直訳）です。

郵便はがき

料金受取人払郵便

本郷局
承認

8821

差し出し有効
期間平成29年
7月2日まで

1 1 3 8 7 9 0

東京都文京区本郷4-1-1-5F
株式会社ヨベル行

1 1 3 8 7 9 0 17

裏面にご住所・ご氏名等ご記入の上ご投函ください。

●今回お買い上げいただいた本の書名をご記入ください。

書名：

●この本を何でお知りになりましたか？
1.新聞広告（　　　　　）2.雑誌広告（　　　　　）3.書評（　　　　　）
4.書店で見て（　　　　　書店）5.教会・知人・友人等に薦められて

●ご購読ありがとうございます。
ご意見、ご感想などございましたらお聞かせくださればさいわいです。
また、読んでみたいジャンルや書いていただきたい著者はどんな方ですか。

ご住所・ご氏名等ご記入の上ご投函ください。

ご氏名：＿＿＿＿＿＿＿＿＿＿＿＿＿＿（　　　歳）

ご職業：＿＿＿＿＿＿＿＿＿＿＿＿＿＿＿＿＿＿＿＿

所属教団・教会名：＿＿＿＿＿＿＿＿＿＿＿＿＿＿＿

ご住所：（〒　　-　　　）

＿＿＿＿＿＿＿＿＿＿＿＿＿＿＿＿＿＿＿＿＿＿＿＿

＿＿＿＿＿＿＿＿＿＿＿＿＿＿＿＿＿＿＿＿＿＿＿＿

電話：　　　（　　　　　）

e-mail：＿＿＿＿＿＿＿＿＿＿＿＿＿＿＿＿＿＿＿＿

「あなたの原稿が本になります」（自費出版含）

本の出版の方法に対して、丁寧なアドバイスが好評を得ております。この機会にご検討ください。本ってどんなふうに作るんだろうというご質問から丁寧にお答えします。

人生の歩み（自分史）、随想、歌集、研究書等を人生の記念として「一冊の本」にまとめ、制作してみませんか。制作の困難な部分をお手伝いさせていただきます。手引き**「本を出版したい方へ」**を差し上げております。興味のある方はご一報くだされば送付させていただきます。

最近は、教会創立記念や会堂建築記念に「記念誌」、「説教集」、「証し集」等を制作する教会が増えています。足跡を辿る貴重な記録となります。機会を逃さないで制作してみては如何でしょうか。資料を進呈しています。

資料**「本を出版したい方へ」が（必要　　必要ない）**

見積(無料)など本造りに関するご相談を承っております。お気軽にご相談いただければ幸いです。

＊上記の個人情報に関しては、小社の御案内以外には使用いたしません。

そして「罪の体」とは、「罪の力の働く場所・座・器」であり、罪に利用される場所ですから、それが滅ぼされるとは、「罪が陸に上げられた魚のように、無力となる」ことを意味しています。このことが洗礼（キリストに接木される）によって引き起こされる出来事なのです。さらに、キリストの死にあやかった信仰者は、キリストの復活にもあやかれる（原文：未来形）ことを約束されます。「わたしたちの本国は天にあります。そこから主イエス・キリストが救い主として来られるのを、わたしたちは待っています。キリストは万物を支配下に置くことさえできる力によって、わたしたちの卑しい体を、御自分の栄光ある体と同じ形に変えてくださる」（フィリピ３・20、21）のです。

このように霊の働きを受けて成長の過程を歩む信仰者は、当然のことながらこの世では様々な艱難に出会います。パウロは、「一時の軽い艱難」（Ⅱコリント４・17）と言いますが、その実情は想像を絶する試練です。しかし、霊の力は確実に私たちを造り変えてくださるのです。私たちは、死に向かって歩んでいますが、その死は終着点ではありません。私たちは、キリストの復活にあやかるプロセスを踏んで歩んでいるのです。

（２００８年８月31日）

（3）神に生きる（詩編84編2節～5節）

洗礼を受けたキリスト者は、決定的に変化し、「キリストに接木され、キリストと一体となり、キリストの復活に与る」確かな望みを抱いて生きています。この「希望と喜びに生きる」とは、「罪に支配された体が滅ぼされ、もはや罪の奴隷にならない、ことを経験的に知った」ことを意味しています。勿論キリスト者と言えども人間である以上、罪から完全に解放されたわけではありませんから、神が主宰なされているこの主日ごとに、己の罪を悔い改めなければなりません。にもかかわらずキリスト者は、「もはや、罪の奴隷にはならない」と断言できるのです。「何故ならば（新共同訳は省略）、死んだ者は、（洗礼によって、罪あるままに）罪から義とされている」（ロマ6・7直訳）からなのです。現実には、罪を犯し続ける私たちが、「（神の恵み：憐み故の）罪の赦しのもとに生かされるようになった」ことの認識は極めて重要なことです。罪の後には本来なら刑罰が待っている筈ですから、罪の告白が出来ること自体が実に不思議な出来事であり、そのことが「罪から解放されていることの証左である」と言えるでしょう。

パウロはさらに、「我らは信ず（直訳）、キリストと共に死んだのなら、キリストと共に生きることになる」と言います。この信仰は、初代教会の信仰告白（Ⅱテモテ2・11参照）です。キリスト者は、自分の力で生きるのではなく、キリストが共に歩んでいてくださるから、新しい命に生きることが出来るのです。ここで言う「新しい命」とは、終末論であると同時に、「現在既に生かされて、今、ある」ことを意味しています。

キリストは、「罪に対して死に、神に対して生きておられる」（ロマ6・10）故に、「キリストはもはや死ぬことがない」（ロマ6・9）のです。すなわち、主イエス・キリストの命は、神に対する命・神と堅く結びつく命であり、神との交わりに生きている命です。したがって、キリストに結ばれたキリスト者も、神との交わりの中に生かされるのです。

パウロは、かくして「（洗礼を受けてキリストに結ばれた）〝キリスト者は、神に対して生きているのだ〟と考えなさい」（ロマ6・11）と言います。「考えなさい」とは「信ぜよ」との勧めです。キリスト者の「生」は、キリストの執り成しの内に、「常に神に向かって、身も心も叫び続けて」（詩編84・3参照）いるのです。

（２００８年9月7日）

（4）自分自身を神に献げよ（イザヤ書57章16節～21節）

パウロは、「キリスト者は、〝罪に対して死に、神に対して生きておられるキリスト〟（ロマ6・10）に堅く結ばれていることを確認した上で、改めて、「あなたがた（＝ローマ教会の信徒たち）は、この事実を自分のこととして〝考えなさい〟」と、信仰の決断を求めています。「考えなさい」と訳されているギリシャ語は、「（義と）認められる」（ロマ4・3、9）と同じであり、口語訳では「認むべき」と訳していましたが、この言葉には「信じなさい」とのニュアンスが含まれています。すなわち、「信じている者は、その全生活がキリストの死と復活に守られている（罪の名残があっても問題はない）。そのことを信じて生きよ」との勧めなのであり、その根拠は「キリストに結ばれている」ことにあります。今、礼拝を守っていることこそがその証しです。

パウロはさらに、人間が為す具体的な行為を、「五体」という言葉で表現しています。死者の中から生き返ったキリスト者は、〝死ぬべき体〟を持ちながら、〝復活の新しい命〟に生きています。すなわち、〝死ぬべき体〟が全てではないことを知っており、〝神が良し〟とされる生き方を求めているのです。したがって、キリスト者が為す行為は、不義のためではなく、〝義〟のためであることが求められます。〝義〟とは、〝正義〟ではなく、〝神の正しさ〟です。キリスト者が求めるものは、「真の平和の樹立」であり、「……絶望のあるところに希望、闇のあるところに光、悲しみのあるところに喜び……永遠の命に復活すること」（フランチェスコ：平和の祈り）に他なりません。

旧約聖書は、「貪欲な者の罪を癒し、その者を回復させる。そして、唇の実り（＝神の創造の実り＝遠くにいる者にも近くにいる者にも、平和を）を与えてくださる」（イザヤ書57・16～）ことを預言しています。神の義の実現は、神の祝福が貫かれることにあります。そのためには、人間を救うことが必須でした。父なる神は、その救いのためにみ子をこの世にお遣わしくださり、十字架に付けられたのです。この事実を知ったキリスト者は、唇の実り（神への賛美、自分自身を神に献げる）を献げます。そのことが神の義（ロマ３・21）に生きることに他ならないのです。

キリスト者の日々の生活は、そのこと自体が神の救いを指し示しています。しかしパウロは、さらに、「それだけで満足してはならない。救いの事実を明確に自覚し、決断して、自分自身を献げよ」と勧めています。「なぜならば、罪はもはやあなたがたを支配していない。既に神の恵みの内に迎えられている。だから決断が出来る。意志の力は必要ない。キリスト者の為すことは、ただ、救いを自覚して、受け入れるだけ」なのです。

（２００８年９月21日）

ローマの信徒への手紙　6章15節～23節

15 では、どうなのか。わたしたちは、律法の下ではなく恵みの下にいるのだから、罪を犯してよいとい
うことでしょうか。決してそうではない。16 知らないのですか。あなたがたは、だれかに奴隷として従え
ば、その従っている人の奴隷となる。つまり、あなたがたは罪に仕える奴隷となって死に至るか、神に従
順に仕える奴隷となって義に至るか、どちらかなのです。17 しかし、神に感謝します。あなたがたは、か
つては罪の奴隷でしたが、今は伝えられた教えの規範を受け入れ、それに心から従うようになり、18 罪か
ら解放され、義に仕えるようになりました。19 あなたがたの肉の弱さを考慮して、分かりやすく説明して
いるのです。かつて自分の五体を汚れと不法の奴隷として、不法の中に生きていたように、今これを義の
奴隷として献げて、聖なる生活を送りなさい。20 あなたがたは、罪の奴隷であったときは、義に対して
は自由の身でした。21 では、そのころ、どんな実りがありましたか。あなたがたが今では恥ずかしいと思
うものです。それらの行き着くところは、死にほかならない。22 あなたがたは、今は罪から解放されて神
の奴隷となり、聖なる生活の実を結んでいます。行き着くところは、永遠の命です。23 罪が支払う報酬
は死です。しかし、神の賜物は、わたしたちの主キリスト・イエスによる永遠の命なのです。

（1）自由と服従（詩編33編1節～11節）

「キリスト者は、既に救われて〝律法の下ではなく恵みの下にいるのだから、罪を犯してもよい〟」（ロマ6・15）と考えるグノーシス的異邦人社会の現実が、福音を大きくねじ曲げていました。このような自己中心的（自己を神とする）な考え方は、思想・習慣を超えた人間の本質でもあるのです。

パウロは、このような思想を、当時は常識であった「奴隷制度」を例にあげて厳しく批判しています。「奴隷制度」は、本来売買行為であり、奴隷の意志が介入する余地はあり得ません。しかしパウロは、ここで敢えて「奴隷として従えば（原文：奴隷として自分自身を献げるなら）」と述べ、奴隷自身の主体性を取り上げています。すなわち、「人間は、罪に仕える奴隷となるか、神に（原文にはない）従順（原意：聞く・聴従）に仕える奴隷となるか、の選択しかない。キリスト者とは、主キリストの声を選び取って聞き従う者である（ヨハネ10・1～18参照）。人間は、この両者に仕えることは出来ない」というのです。

しかも、「その声は既に聖書（詩編33・1～11）によって預言されており、キリスト者はそこから伝えられた教えの規範（＝教理・信条）を受け入れている」（ロマ6・17、18）のです。「規範」とは「内容」（使徒23・25）とも訳される言葉であり、かつ、単数で示されていることからも、「キリストの出来事（十字架と復活は切り離せない）」を示唆しています。「十字架と復活」によって、「罪から解放（自由）され、義（神の正しさ）に仕える（服従）ようになった（原文：受動態・された）」とは、理屈ではなく、信仰者の生き方（神のみを神とする）そのものです。「自由」とは、「罪からの自由」であって、「罪を犯す自由」ではあり得ません。すなわち、「自由」と「服従」は相反する概念ではないのです。

キリストは、「自らその身にわたしたちの罪を担ってくださいました。わたしたちが罪に対して死んで、義に生きるようになるためです」（Ⅰペトロ2・24）。

キリストは、「あなたがたはわたしによって平和を得る。あなたがたには（罪が残っているこの世で苦難がある。しかし、勇気を出しなさい。わたしは既に世に勝っている」（ヨハネ16・33）と決別説教で約束してくださいました。十字架を見上げる時、私たちは「罪から解放され、神の所有とされた」喜びのイメージを抱きます。その主イエス・キリストが私たちと共に歩んでくださり、「勇気を出せ」と励ましていてくださるのです。

（２００８年９月28日）

（2）賜物としての永遠の命（詩編86編5節〜10節）

パウロは、「奴隷」という例えは必ずしも適切ではないことを承知しながら、肉の弱さ（人間的な限界による霊的洞察力、感受性の欠如）を持つ人々に対して、「人間は罪の奴隷となるか、義の奴隷となるか、の二者択一しかない」と語り始めます。しかしパウロは、その後直ぐに、「キリスト者は、〝あなたがたを引き渡した教えの規範〟（ロマ6・17直訳）に心から従っている」と述べています。「心から」とは、〝自分の存在をかけて〟との意味であり、「キリスト者は、神の言葉に委ね切っているのだから、安心しなさい」と励ましているのです。さらにパウロは、「今までは不法の中（神の戒めに反する）に生きていたのに、神の戒めに心から従うようになったのだから、聖なる生活をしなさい」（ロマ6・19）と、信徒たちに対して自発的・主体的な決断を求めています。「聖なる」とは「神のみ前に区別して取り分けておく」ことです。したがって、実態は失敗と挫折の繰り返しではありますが、信仰者は「安息日を覚えてこれを聖とせよ」（出エジプト記20・8口語訳）との教えに従い、主の日の礼拝において主体的な決断を求められているのです。信仰者の歩みは、この決断の繋ぎ合わせであり、「キリスト者の人格・人柄は、この礼拝を繰り返すことによって作られる（自己形成）」のです。

私たちは、「罪の奴隷であったときは、義に対しては自由の身でした」（ロマ6・20）。しかし、この「自由」は錯覚であり、実は「罪の奴隷」だったのです。その「行き着くところ（目的、終着点）」は「死」

以外の何物でもありませんでした。「しかし今や（口語訳）」、義に仕えるようにされた者が「行き着くところ」は「永遠の命」です。この人間には考えられない「逆転」は、論理的帰結ではなく、神のみ力によって起こされた出来事です。今まで、信徒たちに対して「聖なる生活」を求めていたパウロは、「今は……聖なる生活の実を結んでいます」と断定し始めました。神のみ業は、今、着実に進んでおり、キリスト者は不十分ではありますが、聖なる者へと変えられつつあるのです。

「聖なる生活の実が、永遠の命に行き着く」（ロマ6・22）ことは神のみ業であり、信じてよい約束です。この「実」とは「単数」で表現されていますから、具体的には「悔い改め」に他なりません。旧約の詩人（詩編86・5～10）は、悔い改める者に赦しを与える神を賛美しています。天地を創造し、出エジプトの解放を実現し、捕囚の民を連れ戻された神の「驚くべき御業」（詩編86・10）は、最終的には「キリストの出来事による永遠の命」によって成就しました。この永遠の命が神の恵みの賜物であり、その賜物は既に私たちに与えられています。パウロは、この奇しき賜物に心から「感謝」（ロマ6・17）し、喜んでいるのです。

（2008年10月5日）

ローマの信徒への手紙　7章1節～6節

[1]それとも、兄弟たち、わたしは律法を知っている人々に話しているのですが、律法とは、人を生きてい
る間だけ支配するものであることを知らないのですか。[2]結婚した女は、夫の生存中は律法によって夫に
結ばれているが、夫が死ねば、自分を夫に結び付けていた律法から解放されるのです。[3]従って、夫の生
存中、他の男と一緒になれば、姦通の女と言われますが、夫が死ねば、この律法から自由なので、他の男
と一緒になっても姦通の女とはなりません。[4]ところで、兄弟たち、あなたがたも、キリストの体に結ば
れて、律法に対しては死んだ者となっています。それは、あなたがたが、他の方、つまり、死者の中から
復活させられた方のものとなり、こうして、わたしたちが神に対して実を結ぶようになるためなのです。
[5]わたしたちが肉に従って生きている間は、罪へ誘う欲情が律法によって五体の中に働き、死に至る実を
結んでいました。[6]しかし今は、わたしたちは、自分を縛っていた律法に対して死んだ者となり、律法か
ら解放されています。その結果、文字に従う古い生き方ではなく、〝霊〟に従う新しい生き方で仕えるよ
うになっているのです。

新しい生き方（申命記4章25節～31節）

罪と洗礼との関係を説き続けてきたパウロは、7章から「律法」について詳しく述べ始めます。主イエス・キリストとの劇的な出会いを経験する以前のパウロは、律法を誇りとする模範的なユダヤ人でした。したがって、律法主義を烈しく批判するパウロには、彼を抹殺しようとする多くの敵（使徒20・3～参照）がいました。

律法は、神が私たちに与えてくださった戒めであり、神のみ心です。宗教改革者カルヴァンが、刷新した礼拝リタジーの冒頭に十戒をおいたことからも分かるように、キリスト者は何らかの形で律法と深く関わっています。しかし同時に、「キリストの十字架がむなしいものとなってしまわないように」（Ⅰコリント1・17）、律法主義に陥ることは断じて避けなければなりません。律法を守ることを誇りとするようになると、救いの恵みを間違えて受け止め、同時に、他人を裁くことになるのです。

パウロは、律法を当時の夫婦関係に喩えて話を進めて行きます。律法の本質は、束縛ではなく、喜び（詩編19・8～11参照）です。この喩えには論理的に少々無理がありますが、パウロが強調していることは「自分を誇り、他人を裁き、自己中心に生きるために律法を利用してはならない」ということです。私たちは、洗礼によって「（十字架の）キリストの体に結ばれ」（ロマ７・４）、誤った考え方から解放され、キリストと共に生きるように変えられました。すなわち、死者の中から復活されたキリストのものとなったのです。このことが「救い」の原点であり、キリスト者の「唯一つの慰め」（ハイデルベルク信仰問答・問１）です。この「慰め」が、「神に対して結ぶ実」（ロマ７・４）であり、引いては「悔い改め」を指し示しています。悔い改めた者が帰る先は、「神のもと・キリストのもと」です。何故ならば、キリスト者はキリストのものとされたのであり、キリストは私たちを決して手放されないからです。

律法（申命記４・25～）は、偶像崇拝を厳しく戒めると同時に、「心を尽くし、魂を尽くして求める者（悔い改め）は、必ず神に出会う」（同４・29）ことを約束しています。私たちキリスト者は、洗礼によって既に赦されています。このことをパウロは、「〝霊〟に従う新しい生き方である」（ロマ７・６）と言います。繰り返し繰り返し悔い改めて神のもとに立ち返ることがキリスト者の新しい生き方です。私たちは、悔い改める毎に日々新たにされる歩みを続けて行くのです。

（２００８年10月19日）

ローマの信徒への手紙　7章7節〜12節

[7]では、どういうことになるのか。律法は罪であろうか。決してそうではない。しかし、律法によらなければ、わたしは罪を知らなかったでしょう。たとえば、律法が「むさぼるな」と言わなかったら、わたしはむさぼりを知らなかったでしょう。[8]ところが、罪は掟によって機会を得、あらゆる種類のむさぼりをわたしの内に起こしました。律法がなければ罪は死んでいるのです。[9]わたしは、かつては律法とかかわりなく生きていました。しかし、掟が登場したとき、罪が生き返って、[10]わたしは死にました。そして、命をもたらすはずの掟が、死に導くものであることが分かりました。[11]罪は掟によって機会を得、わたしを欺き、そして、掟によってわたしを殺してしまったのです。[12]こういうわけで、律法は聖なるものであり、掟も聖であり、正しく、そして善いものなのです。

(1) 罪が掟を利用し（創世記3章1節〜6節）

パウロは、「律法が人々を罪に誘うのならば、律法が罪なのか」と問い掛け、「律法は神のみ心を人々に教えるものである。したがって、律法は人間の罪と深く関わってはいるが、決して罪ではない」と断固その問いを否定します。パウロは、「わたしは、律法によって罪を知った（γινώσκω：体験する）」というのです。ここでパウロは、「わたし」と言いますが、「律法の義については非のうちどころのない者であった」（フィリピ3・6）パウロが、「わたしは、かつては律法とかかわりなく生きていた」（ロマ7・9）というのは論理的に矛盾があります。したがって、この箇所は敢えて「わたし」という一人称単数を用いることによって、「罪を主体的に自覚している人間（パウロ自身を含む）そのもの」の説明をしている、と考えるべきでしょう。その「わたし」は、「律法によって〝むさぼるな（十戒）〟と教えられたので、そのために〝むさぼり〟を知った（οἶδα：具体的事実に気づく）のであり、〝罪〟が〝掟〟によって〝機会（ἀφορμή：出発点・口実）〟を得た、すなわち、〝罪〟が〝掟〟を利用したのである」というのです。この「機会・口実」は、「蛇が神のみ言葉を巧妙に利用して、アダムとエバを罪に陥れた」（創世記3・1～）記事を想起させます。「むさぼり」の根源は、まさにここにあるのです。すなわち、対義語が「神への従順」である「むさぼり」は、「腹を神とする」（フィリピ3・19）生き方に他なりません。「〝むさぼり〟は、神への企み（決心が前提である）ではなく、心の奥底から湧き出て来るものです」（カルヴァン）。

　このことが人間の現実の姿であり、その行き着く先は滅びです。私たちは、自分の力ではこの現実から抜け出ることが出来ません。この悲惨な状態を切り開いてくださったのが、主イエス・キリストの十字架の出来事です。

父なる神は、尊きみ子イエス・キリストをこの世にお遣わしくださり、私たちの本来の姿を取り戻してくださいました。私たちを、繰り返し、繰り返し、神へと「向きを変えて」くださるのです。

（２００８年12月7日）

（2）聖なる律法（詩編119編105節〜112節）

パウロは、律法を遵守してきたことが、神のみ旨に従うためではなく、自分の誇りのためであったこと、そのために主イエスを十字架に付けてしまったことを、今はっきりと知りました。本来は「命（ゾーエ：永遠の命）」をもたらす筈の律法が、人間の罪の故に反対の死を導いてしまっていたのです。

パウロは、「律法（＝掟）は、聖なるものであり、正しく、そして善いものである」（ロマ7・12）と定義します。これは、パウロの「律法に対する信仰告白」です。

「聖」とは、語源的には「異なっていること」を意味しています。このことは、「聖徒」とは選び出された者（出エジプト記20・2、ヨハネ15・18、19参照）であり、「聖日」とは、神の創造の業と深く結びついた日であり（創世記2・3参照）、特にこの日だけが「きよい」のではないことからも自明です。律法は、この世に属した法律ではなく、神から出た「戒め」です。旧約の詩人は、「あなたの御言葉は、わたしの道の光である」（詩編119・105）と言い、「律法は、人間が真に生きることを教えている戒めである」との信仰を告白しています。「ただ、神によってのみ生きようとする姿が、律法を「聖なるもの」として受け止める唯一の道です。言い換えれば、律法は「神が神である」ことを示し、ここに「命がある」ことを明らかにするために人間に与えられたのです。「正しい」とは、語源的には「偏っていない」ことを意味します。すなわち、創造者である神と、被造物である人間との間に、正当なバランスが保たれている状態が「正しい」のです。神は、人間に自由意志を与えられました。神は、人間を何時も憐み、支えていてくださいますが、与えた自由意志による自分の決断で契約を守ることを求めておられます。また、「善」とは、「自分が神の被造物であり、かつ、神の憐みの中にあることを知る」ことに他なりません。

すなわち、「正しいもの」も「善いもの」も、「聖なるもの」を別の角度から表現していることになります。この「聖なる律法」を、人間は自分に与えられていた自由意志によって、神に背く方向で受け止めていたのです。したがって、律法を本来の姿で受け止める道が整えられれば、律法は「聖なるものとして、正しく、善いもの」として生きてくるのです。
神の独り子、イエス・キリストがこの世に来られたのは、「律法や預言者を廃止するためではなく、完成するためであり」（マタイ5・17、18）、まさに、この道を整えてくださるためでした。そして、このことは、主イエス・キリストの十字架の出来事で成就しました。新しい契約は、この世の規則ではなく、この世の時間にも制約されません。私たちキリスト者は、この道の「完成」を信じて、新しい年を歩んで参りたいと祈ります。

（２００８年12月28日）

ローマの信徒への手紙　7章13節～25節

[13] それでは、善いものがわたしにとって死をもたらすものとなったのだろうか。決してそうではない。
実は、罪がその正体を現すために、善いものを通してわたしに死をもたらしたのです。このようにして、
罪は限りなく邪悪なものであることが、掟を通して示されたのでした。[14] わたしたちは、律法が霊的なも
のであると知っています。しかし、わたしは肉の人であり、罪に売り渡されています。[15] わたしは、自分
のしていることが分かりません。自分が望むことは実行せず、かえって憎んでいることをするからです。
[16] もし、望まないことを行っているとすれば、律法を善いものとして認めているわけになります。[17] そし
て、そういうことを行っているのは、もはやわたしではなく、わたしの中に住んでいる罪なのです。[18] わ
たしは、自分の内には、つまりわたしの肉には、善が住んでいないことを知っています。善をなそうとい
う意志はありますが、それを実行できないからです。[19] わたしは自分の望む善は行わず、望まない悪を行っ
ている。[20] もし、わたしが望まないことをしているとすれば、それをしているのは、もはやわたしではな
く、わたしの中に住んでいる罪なのです。[21] それで、善をなそうと思う自分には、いつも悪が付きまとっ
ているという法則に気づきます。[22]「内なる人」としては神の律法を喜んでいますが、[23] わたしの五体
にはもう一つの法則があって心の法則と戦い、わたしを、五体の内にある罪の法則のとりこにしているの

が分かります。[24]わたしはなんと惨めな人間なのでしょう。死に定められたこの体から、だれがわたしを救ってくれるでしょうか。[25]わたしたちの主イエス・キリストを通して神に感謝いたします。このように、わたし自身は心では神の律法に仕えていますが、肉では罪の法則に仕えているのです。

(1) 罪の正体（イザヤ書55章6節〜13節）

ユダヤ人にとって、「律法」は「蜜のように甘く、好ましいもの」でした。特にパウロは、復活の主イエスに出会う以前は、律法遵守に誇りを持って生きていました。しかし、今や生活の基盤であった「律法遵守」を崩されたパウロは、「(聖なるものであり、正しく、そして) 善いものである (筈の) 律法が、わたしにとって死をもたらすものとなったのか」(ロマ7・13) と、自分自身の問題としての切実な悩みを打ち明けています。そしてパウロは、「決してそうではない。(律法には責任がない) 実は、罪が正体を現すために、善いもの (律法) を通してわたしに死をもたらした (直訳：死を作り出した) のです」との答えを引き出したのです。「罪」の問題は、パウロにとっての難題でした。彼は罪が持つその邪悪な働きを、「罪が支払う報酬は死」(ロマ6・23) と考えてその「働き」に注目し、「罪がその正体を現した」と表現しています。「罪に苦しんだ経験のある人は、罪が自分の内面の問題であるとは考えることが出来ません。罪は、自分に襲いかかる強力な力なのです。」

罪がもたらす「死」とは、「神から切り離された状態」を意味します。この意味で世界には、罪の働きが蔓延しています。この罪が、主イエス・キリストを十字架につけてしまいました。しかし神のみ旨は、主イエスの復活でした。

旧約の預言者イザヤは、「主に立ち帰るならば、主は憐れんでくださる。わたしたちの神に立ち帰るならば　豊かに赦してくださる」（イザヤ書55・7）と預言しています。この神のご計画が、主イエス・キリストの復活によって、今、まさに成就しました。

すなわち、「わたしたち（教会）は、律法が霊的なものであると知っている」（ロマ7・14）のです。パウロは、この神のみ旨を十分に知っていたからこそ、如何に罪に苦しもうとも、最後には「神に感謝します」（ロマ7・25）と言い得たのです。

新しい年の歩みが始まりました。私たちは、今尚、襲い掛かってくる罪の力に悩まされ続けることでしょう。しかし同時に、私たちは神の恵みの豊かさをも知ることになります。


（２００９年1月４日）

（2）惨めさからの救い（創世記1章24節〜27節）

パウロは、「律法に背くのは、決して自分の本心からの行為ではない。心の奥底では、律法に従いたい、善を行いたい、神のみ心に従って生きたい、と願っている」と言い切っています。ここに、パウロの「自己洞察力・人間洞察力」が鋭く示されています。逆に言えば、若し「悪を行うことが本心」であったなら、パウロはこれ程までに深く悩まなかったでしょう。何故ならば、悪を行っても、「神から与えられた本性に従ったのだから、止むを得なかった」との弁解が成り立つからです。

聖書は、「罪」の問題を大きく取り上げていますが、決して「性悪説」が前提ではありません。「善を為そうとするのが本心である」とのパウロの告白に、代々の多くの人々が共感して来たのは、聖書の語る全てのみ言葉が、基本的に「性善説」に基づいているからです。「人間だけが、神にかたどり、神に似せて造られた」（創世記1・26）のであり、パウロはこの霊的な創造の部分に、自己を発見していたのです。しかしパウロは、「望む善を行わず、望まない悪を行う」現実の分裂状態に中から、「わたしはなんと惨めな人間なのでしょう」との悲痛な叫びによって自分の中に住む「罪」をはっきりと指し示します。彼は、「悪を行うのは、罪の責任である」と言っているのではなく、自分の五体は、「心（原意：理性）の法則に従うことを願う（＝神のみ旨に従うことを願う）〝内なる人〟」と「罪の法則に従う現実の自分」との二重構造になっている、ことを見抜いたのです。この時のパウロは、「しかし、私たちは既に救われている」などとの、生易しい説教をしているのではありません。この告白は、まさに絶望の極致からの叫びでした。

突如、パウロは、「わたしたちの主イエス・キリストを通して神に感謝します」との祈りを献げます。そして、改めて平静に、「わたし自身は心では神の律法に仕えていますが、肉では罪の法則に仕えています」との現実の姿を告白しています。この告白は、先の絶望の極みからの叫びとは質が異なります。パウロは、「私たちのこの世の歩みは、現実には失敗を繰り返してばかりいるが、決してそのままで終わるのではない。私たちの中には、〝内なる人〟がいる。〝外なる人〟は衰えていくが、〝内なる人〟は日々新たにされていく。だから私たちは落胆しない」（Ⅱコリント4・16参照）と教えています。

主イエス・キリストを信じ、既に救いに入れられた私たちは、絶望で終る歩みではなく、完成への確かな歩みを続けているのです。

（２００９年1月25日）

ローマの信徒への手紙　8章1節～11節

1従って、今や、キリスト・イエスに結ばれている者は、罪に定められることはありません。2キリスト・
イエスによって命をもたらす霊の法則が、罪と死との法則からあなたを解放したからです。3肉の弱さの
ために律法がなしえなかったことを、神はしてくださったのです。つまり、罪を取り除くために御子を罪
深い肉と同じ姿でこの世に送り、その肉において罪を罪として処断されたのです。4それは、肉ではなく
霊に従って歩むわたしたちの内に、律法の要求が満たされるためでした。5肉に従って歩む者は、肉に属
することを考え、霊に従って歩む者は、霊に属することを考えます。6肉の思いは死であり、霊の思いは
命と平和であります。7なぜなら、肉の思いに従う者は、神に敵対しており、神の律法に従っていないか
らです。従いえないのです。8肉の支配下にある者は、神に喜ばれるはずがありません。9神の霊があな
たがたの内に宿っているかぎり、あなたがたは、肉ではなく霊の支配下にいます。キリストの霊を持たな
い者は、キリストに属していません。10キリストがあなたがたの内におられるならば、体は罪によって死
んでいても、〝霊〟は義によって命となっています。11もし、イエスを死者の中から復活させた方の霊が、
あなたがたの内に宿っているなら、キリストを死者の中から復活させた方は、あなたがたの内に宿ってい
るその霊によって、あなたがたの死ぬはずの体をも生かしてくださるでしょう。

（1）人となられた神の御子（イザヤ書61章1節～3節）

パウロは、自分の弱さを認めながら、「今や、キリスト・イエスに結ばれている者は、罪に定められることはありません」と、突然確信を持って断固として宣言します。何故ならば、「キリスト・イエスによって（ἐν：in）命をもたらす霊の法則（νόμος：ノモス：筋道、道理）が、罪と死の法則（意訳すれば、〝死をもたらす罪の法則〟）から、（信じる者を）解放した（原文：自由にした）からだ」（ロマ8・2）というのです。ここでパウロは、〝霊〟を強調し、〝肉〟と対立する概念として用い始めます（霊：1～7章まで4回、9～16章までにも7回しか用いていないが、8章では19回使っている）。〝肉〟は、〝自分と自分のもののみを求め〟（ルター）、〝自分の利益のみを考えてこの世に安住しようと欲する人間の弱さ〟を示唆しています。

ここからパウロは、〝水も漏らさない用意周到な言葉〟を用いて、福音の根幹を驚くべき簡潔な表現を用いて語り始めます。すなわち、「神は、（人間の）罪を取り除くために御子を罪深い肉と同じ姿で（まことの人間として）この世に送り、その肉において罪を罪として処断された」（ロマ8・3）というのです。罪の赦しは、律法が本来備えていた業ですが、人間の肉の弱さがその業の成就を妨げていました。そこで神は、「人間を断罪することなく、その肉の弱さを飛び越して、人となられた御子を肉として処断することにより、救いのみ業を成し遂げられた」のです。

肉体と時間に制限されている人間は、誰でも、何時も、救いを求め続けています。旧約の預言者イザヤ（イザヤ書61・1〜）も、救いを切望し、メシアの到来を預言しています。「人間の救い」とは、罪からの解放であり、そのために御子は人となられました。「イエスは、……民の罪を償うために、すべての点で兄弟たちと同じようにならねばならなかった」（ヘブライ2・17）のであり、「あらゆる点において、わたしたちと同様に試練に遭われたのです」（ヘブライ4・15）。罪なき方が、罪あるものとして処断されたことに、人間の罪の深刻さと、神の恵みの深さが示されています。

主なる神は、人間の責任に目をつぶって救いを与えてくださいました。この奇しき出来事を知って歩むキリスト者は、既に新しい歩み、すなわち、神のみ旨である律法の要求が満たされる歩みを始めています。その歩みを聖霊が働いて支えてくださいます。聖霊なる神を信頼して、主の日から主の日へと、新たな一回りの歩みを続けて参りたいと祈ります。

（２００９年2月15日）

（2）霊の思いは命と平和（詩編66編1節〜9節）

パウロは、「この世の価値観に従って歩む者、すなわち、肉に従って歩む者は死に至る」と糾弾します。何故ならば、肉の思いに従う者は、この世を創造し、かつ、祝福してくださった神のみ旨に逆らっているからです。しかし、逆説的な言い方になりますが、人間は救われて初めてこの現実に気がつきます。救われて初めて、自分が救いがたい存在であること、義とされて始めて自分が罪人であること、生かされて初めて自分が如何に死に取り付かれているかを知ることが出来るのです。したがって私たち信仰者は、繰り返し悔い改めて、神のみもとに立ち帰ることを求められているのです。

救われた者の内には神の霊が宿っています。パウロは、この「神の霊が宿っているかぎり、信仰者は霊の支配下にいる」と言います。「かぎり」とは時間的な「その間」ではありません。勿論、一旦信仰に入れられても、その後拒否する者がいますが、ここは「宿っているからには離れることがない」という積極的な概念と捉えるべきでしょう。

そしてパウロは、突如、「神の霊」を「キリストの霊」と言い換え、「信仰者が神の霊の支配下に移されたのは、キリストの出来事による以外の何ものでもない」ことを示唆します。私たちは、自分の力だけでは神の方を向くことが出来ません。まさに十字架と復活の出来事が、私たちの頑なな心を打ち砕いて救いを確信させてくださり、私たちをキリストの所有のものとしてくださいます。ここにキリスト者の実存の姿があるのです。

さらにパウロは、「キリストが内にいる信仰者は、体（＝人間全体）は罪によって死んでも、〝霊〟は義によって命になっている、すなわち、私たちは神の栄光を歩む者に変えられている。その霊の思いは、命と平和である」と言います。「命」とは、人間全体を神に結ぶ「永遠の命」であり、「平和」は「神との和解・人間間の融和」です。この両者こそがイエス・キリストの十字架によってもたらされたのです。

旧約の詩人（詩編66・1〜9【指揮者によって。歌。賛歌。】全地よ、神に向かって喜びの叫びをあげよ。／御名の栄光をほめ歌え。栄光に賛美を添えよ。／神に向かって歌え／「御業はいかに恐るべきものでしょう。御力は強く、敵はあなたに服します。／全地はあなたに向かってひれ伏し／あなたをほめ歌い／御名をほめ歌います」と。／来て、神の御業を仰げ／人の子らになされた恐るべき御業を。／神は海を変えて乾いた地とされた。人は大河であったところを歩いて渡った。それゆえ、我らは神を喜び祝った。／神はとこしえに力強く支配し／御目は国々を見渡す。背く者は驕ることを許されない。／諸国の民よ、我らの神を祝し／賛美の歌声を響かせよ。／神は我らの魂に命を得させてくださる。我らの足がよろめくのを許されない。」）は、主なる神のとこしえの支配を賛美して神のみもとにひれ伏しました。この神の支配が、今、み子イエス・キリストの十字架と復活によって成就しました。この「命と平和」を証し続けるのが、私たちキリスト者の歩みです。

（２００９年２月22日）

ローマの信徒への手紙　8章12節～17節

12それで、兄弟たち、わたしたちには一つの義務がありますが、それは、肉に従って生きなければなら
ないという、肉に対する義務ではありません。13肉に従って生きるなら、あなたがたは死にます。しかし、
霊によって体の仕業を絶つならば、あなたがたは生きます。14神の霊によって導かれる者は皆、神の子な
のです。15あなたがたは、人を奴隷として再び恐れに陥れる霊ではなく、神の子とする霊を受けたのです。
この霊によってわたしたちは、「アッバ、父よ」と呼ぶのです。16この霊こそは、わたしたちが神の子供
であることを、わたしたちの霊と一緒になって証ししてくださいます。17もし子供であれば、相続人で
もあります。神の相続人、しかもキリストと共同の相続人です。キリストと共に苦しむなら、共にその栄
光をも受けるからです。

アッバ、父よ（イザヤ書63章15節～16節）

パウロは、「それで、兄弟たち」（ロマ8・12）と語りかけます。「兄弟たち」と呼びかけるパウ

ロの胸の内には、未だ会ったことのないローマ教会の兄弟姉妹たちに対する「同じ信仰に結ばれたことによる一体感の親しみと確信」が湧き上がってきたのでしょう。そこでパウロは、それまで「あなたがた」と呼んでいたのを「わたしたち」と一人称に変えて語り続けます。

パウロは、「救いのみ業によって肉の支配から自由にされた私たちキリスト者には、一つの義務がある（直訳：私たちは負債者である）。その義務とは、霊によって体の仕業を絶つことであり、そうすれば生きることになる」と言います。「霊」とは、「神の霊：キリストの霊」のことであり、「聖霊」と言い換え得るでしょう。したがって、具体的には「聖霊に従って歩み、その聖霊に対する負い目を果たすことが義務」なのです。私たちの現実の生活は、この世の力に引っ張られる傾きがあり、聖霊に従って歩むことは必ずしも容易ではありません。しかしこの義務を果たす苦しさは、聖化の中の戦いによるものですから、感謝であり、喜びをもたらします。その結果、キリスト者は「永遠の命（ζωή）に生きる、（ζάω）：永遠の命に結ばれる」ことになるのです。

ここでパウロは唐突に、「神の霊によって導かれる者は皆、神の子（υἱοί）なのだ」と宣言します。「神の子」とは、本来は「神の独り子イエス・キリスト」のみを示す用語ですから、この宣言は驚くべき表現です。実は、ここに福音の中身が光を放っているのです。宗教改革者M・ルターは、「これは慰めに満ちた素晴らしいテキストであり、黄金の文字で記すべきである」とまで言っています。「(十字架と復活の出来事に集約される) 神の子がこの世に来られた経緯」を知る者、すなわち、「如何に自分が救いに与るにふさわしくないか」を知る者のみが、このパウロの宣言を慰めを持って聞くことが出来るのです。

ここでパウロは、「神の子とする (υιοθεσίας) 霊を受けたあなたがた」と、表現を変えています。「υιοθεσίας」は、法律用語で「養子縁組」であり「実子」ではありません。私たち人間は、アダムの堕罪以来、奴隷のように主人である神の顔色を恐れながら窺って生きていましたが、神の子とみなされたキリスト者は「再び奴隷としての恐れに陥されることはない」というのです。

さらにパウロは、再び「わたしたちは」と主語を変えて、「私たちキリスト者は、この霊によって、父なる神を〝アッバ、父よ〟と呼ぶことが許された」との喜びを語ります。「アッバ」とは、アラム語の幼児用語とされていますが、実は「アブとかアバ」は、幼児が初めて口に出す人類共通の「親への呼びかけ」です。幼児は、親が何処にいるのか分らずに呼ぶのではなく、安心し切って何かを語りかけるのです。旧約の預言者イザヤ (第三イザヤ書) は、捕囚後の不安定な状態の中でも、「あなたはわたしたちの父です」(イザヤ書63・16) と、繰り返し信頼に満ちた切なる祈りを献げています。信仰者は、決して孤独になることはないのです。

また、「アッバ」とは、「マラナ・タ」「アーメン」「ハレルヤ」と並んで、リタジーの用語とも言われています。私たちは、礼拝においてより一層親しく、神を「アッバ」と呼ぶことが出来るのです。しかも、「神が、『アッバ、父よ』と叫ぶ御子の霊を、わたしたちの心に送ってくださった」(ガラテヤ4・6)のです。この霊が、「わたしたちが〝神の子供(τέκνα)〟であることを、〝わたしたちの霊〟と一緒に証ししてくださいます。」この「τέκνα(子供)」という用語は、先に使われていた「法律用語」でも「実子」という意味でもなく、「親子の親しい愛情関係」を示唆しています。そして、「私たちの霊」とは、私たち一人ひとりに与えられている霊性部分を指しています。(「霊と魂と体」(Iテサロニケ5・23)が私たち人間の姿です。)私たちは、この霊的事実を告げられた時、「子とされた厳粛で幸いな瞬間を思い起こされる」のです。

今日から始まる一回りの日々を、「復活の主と同じ命に結ばれている喜び」を持って歩んで参りたいと祈ります。

(2009年3月1日)

ローマの信徒への手紙　8章18節～25節

18現在の苦しみは、将来わたしたちに現されるはずの栄光に比べると、取るに足りないとわたしは思い
ます。19被造物は、神の子たちの現れるのを切に待ち望んでいます。20被造物は虚無に服していますが、
それは、自分の意志によるものではなく、服従させた方の意志によるものであり、同時に希望も持ってい
ます。21つまり、被造物も、いつか滅びへの隷属から解放されて、神の子供たちの栄光に輝く自由にあず
かれるからです。22被造物がすべて今日まで、共にうめき、共に産みの苦しみを味わっていることを、わ
たしたちは知っています。23被造物だけでなく、〝霊〟の初穂をいただいているわたしたちも、神の子と
されること、つまり、体の贖われることを、心の中でうめきながら待ち望んでいます。24わたしたちは、
このような希望によって救われているのです。見えるものに対する希望は希望ではありません。現に見て
いるものをだれがなお望むでしょうか。25わたしたちは、目に見えないものを望んでいるなら、忍耐して
待ち望むのです。

（1）苦しみと栄光（エレミヤ書15章10節～11節）

パウロは、キリストと共同の神の相続人（ロマ8・17）とされた私たちキリスト者の「現在の苦

しみ（直訳：今の時の苦しみ）は、将来わたしたちに現される筈の栄光に比べると、取るに足りない」（ローマ8・18）と言います。（ここでパウロの言う苦しみは、所謂一般的なこの世の苦しみではない。この世に生きる私たち人間には、夫々に耐え難いと思われる程の悩み、苦しみが与えられているが、主イエスは何時もその苦しみを共有してくださる。「神は、試練と共に、逃れる道をも備えていてくださる」（Ⅰコリント10・13）のである。）

パウロの言う「今：νῦν」は、「ところが今や」（ロマ3・21）と同じ用法で、「神の義が示された時・主キリストの出来事に結ばれた時・神の啓示の時・この世の時間が一変した時・終末の時に入った時」という極めて特殊の「時」を意味しています。すなわち、「今の時の苦しみ」とは、「主キリストの十字架の出来事と密接に結びついた苦しみ」を表しているのです。この「苦しみ」に関してパウロは、

「今やわたしは、あなたがたのために苦しむことを喜びとし、キリストの教会のために、キリストの苦しみの欠けたところを身をもって満たしています」（コロサイ1・24）と述べています。勿論、「キリストの苦しみ」に「欠けたところ」がある筈がありませんから、パウロの唯一つの願いは「キリストの十字架がむなしいものになってしまわぬように」（Ⅰコリント1・17）奉仕することに尽きています。すなわち、キリストの福音に欠けていることとは、「全ての人に宣べ伝える」ことに他な

らないのです。したがって「今の苦しみ」の第一は、「福音伝道の業、教会を立てること、教会に与えられている鍵の権能を果たすこと」に伴う「苦しみ」のことです。

「今の苦しみ」の第二に、十字架で顕わに示された「罪」故の苦しみが挙げられます。「主の十字架の苦しみに与る」とは、「己の罪を知ること」と「赦しに与る」ことです。キリスト者は、「罪を知る」ことによって、「罪に対する責任」を問われています。その責任は、世界の苦しみにも及び、迫害をも含めて全ての罪を神に対して執り成す責任が課せられているのです。旧約の預言者エレミヤは、「自分自身が人間の罪に加担する者」であることを自覚し、「敵対する者のためにも幸いを願い、彼らに執り成しをしました」（エレミヤ書15・10、11）。

しかし、この苦しみを担うキリスト者には、確かな栄光（死者の復活、新しい天と地の出現）が堅く約束されています。パウロは、「何とかして死者の中からの復活に達したい」（フィリピ3・11）と願っています。ここでパウロは、栄光を疑っているのではなく、切なる願いの祈りを献げているのです。「今、鏡におぼろに映ったものを見ている」（Ⅰコリント13・12）ことこそが、栄光が確実に与えられることの証しなのです。


（２００９年3月15日）

（2）虚無と希望（イザヤ書40章6節〜8節）

「（現在の苦しみは、将来の栄光に比べると取るに足りないと）私は思う：λογίζομαι」は、「パウロの厳粛な確信の表現」です。パウロは、その時キリスト者は「キリストの栄光ある体と同じ体に変えていただき」（フィリピ3・21）、「キリストと共にその栄光を受ける」（ロマ8・17）ことを確信したのです。

続けてパウロは（ロマ8・18〜）、神の創造のみ業を前提にして、「被造物全体（ロマ8・23では、被造物とキリスト者を区別しているが）が現在どのような状態にあるか」の考察を始め、「全ての被造物（キリスト者を含めて）は、神の子たちの現れるのを切に待ち望んでいる」と断言しています。

「切に待ち望む」とは、「動物が、何かの到来を感知して耳をそば立てて頭をもたげ、遠方を見つめる姿」であり、私たちが新しい出来事を「今か今かと待ちわびている状態」を表しています。また、「現れる」とは、「覆いを取り除く」ことを意味しており、「既に実現していることが顕わになること」です。「神の子たちが現れる」とは、「主の再臨のこと」ではなく、「（既に救われて神の子とされた）キリスト者の救われた者としての真の姿の出現」のことに他なりません。また、「霊の初穂をいただいているわたしたちも」（ロマ8・23）とは、逆にこの出来事は全世界の被造物に及ぶことを示唆しています。それは、まさに神の創造のみ業に関わることであり、その時全ての被造物は、神が良しとされた時の完全な姿を取り戻すのです。

しかし、被造物なるこの世の現状は「虚無に服しています」（ロマ8・20）。その原因は、ひとえに「人間の罪に起因する神のみ旨」（創世記3・1～）ですが、パウロは同時にそこに備えられている神の憐み・希望を読み取っています。「〝草は枯れ、花はしぼむ〟のが現実ですが、〝わたしたちの神の言葉はとこしえに立つ〟」（イザヤ書40・8）のであり、この預言こそが「私たちに福音として告げ知らされた神の言葉」（Iペトロ1・24、25）です。「虚無」は決して消滅したのではなく、私たちは「虚無と希望」の只中に立っているのです。

パウロは、神の祝福の約束は決して変わることなく、必ず成就することに確信を持ちました。「うめいて待ち望む産みの苦しみ」（ロマ8・22）は、望みのない苦しみではありません。「産みの苦しみ」とは、「苦しみの大きさ」と同時に「希望の間近い」ことを意味する表現です。私たちは、キリストの出来事に基づくこの希望によって救われ、ひたすら「終末」を待ち望んでいます。「キリスト教は、徹頭徹尾終末論です」（カール・バルト）。現実は、虚無と希望が共存していますが、既に希望は虚無に勝っているのです。

（２００９年３月29日）

ローマの信徒への手紙　8章26節～30節

26 同様に、〝霊〟も弱いわたしたちを助けてくださいます。わたしたちはどう祈るべきかを知りませんが、〝霊〟自らが、言葉に表せないうめきをもって執り成してくださるからです。27 人の心を見抜く方は、〝霊〟の思いが何であるかを知っておられます。〝霊〟は、神の御心に従って、聖なる者たちのために執り成してくださるからです。28 神を愛する者たち、つまり、御計画に従って召された者たちには、万事が益となるように共に働くということを、わたしたちは知っています。29 神は前もって知っておられた者たちを、御子の姿に似たものにしようとあらかじめ定められました。それは、御子が多くの兄弟の中で長子となられるためです。30 神はあらかじめ定められた者たちを召し出し、召し出した者たちを義とし、義とされた者たちに栄光をお与えになったのです。

（1）万事が益となる（創世記22章15節～18節）

聖霊は、「どう祈るべきかを知らない弱い私たち」（ロマ8・26）を、「御心（直訳：神）に従って執り成してくださいます。」逆に言えば、聖霊の執り成しがなければ、私たちは「信仰生活＝祈りの生活」が出来ません。しかし、そのように弱い私たちも、「神のご計画に従って召された者たちには、万事が益となるように共に働く」（ロマ8・28）ことを共通の知識として全員が知っている（＝経験している）と、パウロは高らかに宣言します。この箇所を文語訳聖書は、「……凡てこと相働きて益となるを我らは知る」と訳していましたが、この訳の「相働きて」を不用意に読むと、「全てのことが自分の思い通りになる」との誤解を招きかねません。そこで口語訳聖書は、別の写本を参考にして、「神は……共に働いて、……万事を益としてくださる」と、「主語」を明確にしています。新共同訳はこの箇所を「共に働く」と訳し、「相働く」と「神が働く」の両方のニュアンスを残しています。私たちのこの地上の歩みは、神のみ旨に沿わないことがしばしば起こります。「み旨のままに」と祈りながら、「み旨に反する祈り」をしていることが多々あります。しかしパウロは、「神のご計画は揺るぎなく進んでいる。それ故に、万事は益となる」と確信しているのです。

「万事が益となる」前提には、「神が知っていてくださる（Iコリント8・3参照）＝味方になっていてくださる＝憐れんでいてくださる」ことが先行しています。しかも、その神の「知り方」は徹底しており、私たちの全てを見抜いておられます。そして、その愛の究極の形を神ご自身が「犠牲＝十字架」という形で示されたのです（ヨハネ3・16参照）。

私たち人間は、この究極の神の愛に対して、何も犠牲として捧げることは出来ません。神を愛する道は、神を信頼し、全てを神に委ねる（＝信仰）以外にないのです。イサクを奉献したアブラムは、ひたすら神の指示に聴き従い、全てを神に委ねました。この結果アブラムには祝福が与えられましたが、その祝福は当初から与えられていた祝福であり、繰り返し確認されてきたものです（キリスト教は、この箇所に「十字架の予型」を読み取ります。）。

人のふがいなさを良くご存知の神は、「聖霊の思いは命と平和である（ロマ8・6）ことをご存知です」（ロマ8・27）。その神との命と平和の交わりの中に、キリスト者は既に入れられています。万事が益となっているのです。同時にこの「万事が益となる」ことの成就は、「将来の希望（＝体の贖い）」でもあります（ロマ8・23）。「益」となることとは「善」であり、「良いこと」であり、「神のみ心に沿うこと」、すなわち、「救い」に他なりません。そして、救いに招き入れられた者たちの経験は、個人のレベルに留まらず、群れである教会の経験に集約されます。群れとして神に委ね切る以外に、神のみ業に与る道はないのです。

（２００９年４月26日）

（２）栄光への歩み（詩編8編4節〜10節）

「神を愛する」とは、人間同士の「愛」とは次元が異なり、「(涸れた谷に鹿が水を求めるように、)魂が慕い求める」(詩編42・1)こと、あるいは、「ただ神にのみ依り頼む揺るぎない信仰」(詩編16・1〜、40・1〜)に繋がるものです。それは、「信仰」であり、かつ、「神と共にいる希望」でもあります。私たち信仰者は、「忍耐して待ち望む〝希望〟によって救われる」のであり、そこには、「絶えざる聖霊の働き」があります。このように生きる者が、「神を愛する者」なのです。

パウロは、「神を愛する者たち」(ロマ8・28)と呼びかけ、直ちに、「ご計画によって召された者たち」と言い替えます。そして神は、その者たちを「前もって知っていた」(ロマ8・29)と言います。すなわち、私たちが「神を愛すること」が出来るのは、神のご計画が先立っているのであり、その神は「既に私たちを知っていた」のです。日常生活でも、崇拝する方に初対面だと思って挨拶をしたら、「あなたのことは知っています」と言われたらさぞかし嬉しいことでしょう。「わたしたちが神を愛したのではなく、主なる神が、わたしたちを愛してくださった」(ヨハネ3・16、Iヨハネ4・9、10)のです。人間に「信仰」と「希望」を与えるのが、神の愛であり、「愛こそが最も大いなるもの」(Iコリント13・13)です。

神の愛は、人間を、神の姿であるみ子の姿に似るものとすることです。そのことこそが人間が本来持つ筈の姿（詩編8・6）であり、まことの人間の救いなのです。そのためには、主イエス・キリストの十字架が不可欠でした。そこから生じる事態は、「み子が長子となる」（ロマ8・29）ことでした。　すなわち、神のご計画は、「み子に従って、数多くの者たちが神の子となる」ことに向かって進んでいます。「み子はその体である教会の頭であり、すべてのことにおいて第一の者（＝長子）となられました」（コロサイ1・18）。すなわち、最初に復活された方（長子）、イエス・キリストの復活に与ることが救いであり、ここに、教会に繋がる信仰の現実があります。「神はあらかじめ定められた者たちを召しだし、義とし、栄光をお与えになりました」（ロマ8・30）。このみ業は、〝黄金のくさり〟とも言うべきものであり、後方（過去）と前方（未来）に向かって伸びており、その両端は永遠（神の時間）に繋がっています。永遠の選びの中に、私たちの栄光の歩みは始まっています。「栄光」は未来に与えられるものですが、それは「確実」なるが故に、パウロは「過去形」で表現しました。「キリストは、わたしたちの卑しい体を、ご自分の栄光ある体と同じ形に（将来、確実に）変えてくださるのです」（フィリピ3・21）。

（２００９年5月3日）

ローマの信徒への手紙　8章31節～39節

31では、これらのことについて何と言ったらよいだろうか。もし神がわたしたちの味方であるならば、
だれがわたしたちに敵対できますか。32わたしたちすべてのために、その御子をさえ惜しまず死に渡され
た方は、御子と一緒にすべてのものをわたしたちに賜らないはずがありましょうか。33だれが神に選ばれ
た者たちを訴えるでしょう。人を義としてくださるのは神なのです。34だれがわたしたちを罪に定めるこ
とができましょう。死んだ方、否、むしろ、復活させられた方であるキリスト・イエスが、神の右に座っ
ていて、わたしたちのために執り成してくださるのです。35だれが、キリストの愛からわたしたちを引き
離すことができましょう。艱難か。苦しみか。迫害か。飢えか。裸か。危険か。剣か。36「わたしたちは、
あなたのために／一日中死にさらされ、／屠られる羊のように見られている」と書いてあるとおりです。
37しかし、これらすべてのことにおいて、わたしたちは、わたしたちを愛してくださる方によって輝かし
い勝利を収めています。38わたしは確信しています。死も、命も、天使も、支配するものも、現在のものも、
未来のものも、力あるものも、39高い所にいるものも、低い所にいるものも、他のどんな被造物も、わた
したちの主キリスト・イエスによって示された神の愛から、わたしたちを引き離すことはできないのです。

（1）神が味方（詩編118編1節～16節）

ロマ書は、2部ないし3部に分けて読むことが出来ます。すなわち、1章～8章では教理の内の「神の力なる福音」、9章～11章では教理の内の「神の義（&イスラエルの位置づけ）」、そして、12章～16章において「キリスト者の倫理（生き方）」が語られています。したがって、今日与えられました8章31節～39節は、「福音とは何か」の締め括りの部分である、と言えるでしょう。

福音の本質を語り続けてきたパウロは、現実の生活に依然として付き纏《まと》う様々な不条理に目を留める者たちからの反論、異論があることを承知の上で、「結局のところ（=何と言ったらよいだろうか）、福音とは、神が私たちの味方であるということである（原文:神は、私たちのための神である）」、と断言をしています。ここでパウロは、「だから、誰も私たちに敵対できない。そのような者は、神が除去してくださる」などとの皮相なことを述べている筈はありません。「神が味方であることを知っている」とは、キリスト者は、今どのような状態であろうとも、「神はみ心を行ってくださる。万事が益となるように共に働いてくださる」（ロマ8・28）ことを堅く信じているのです。しかも、この信仰はキリスト者個々人の信仰ではなく、教会の公同的知識です。逆に言えば、神が味方であることを知っている者の群れが教会なのです。旧約の詩人は、経験によって「主はわたしの救いとなってくださった」（詩編118・1～16）ことを告白しています。そして今、私たちキリスト者は、「神が、御子（原文：ご自身の息子）をさえ、死に渡された」ことを知っているのです。

この世に遣わされて来られた主イエス・キリストは、身をもって私たちに隣人愛を教え、この世の暗闇に新しい光をもたらせてくださいました。私たちが、そのイエス・キリストに倣い、隣人を愛して証しを立てることは、それ自体はまことに尊い行為です。しかし、み子がこの世に遣わされて来られた目的は、そのことだけではありません。主なる神は、「御子を渡された（十字架に）」のです。すなわち、主イエスは、「私たちの罪のために死んだ」（Ⅰコリント15・3～5）のです。この十字架の出来事が神のみ心であり、「神が私たちの味方である」ことの揺るぎない根拠です。

人間が死を怖れてはかなくこの世を生きるのも、この世を暗くしている事柄も、全ての原因は人間にあります。この罪を、主イエス・キリストは一身に引き受けてくださいました。そして、救いに関する全てのもの、永遠の命を約束してくださり、かつ、既に与えてくださっています。私たちは、この十字架に、まことの光を見るのです。旧約の詩人が預言した「主の右の手」（詩編118・16）は、今、十字架で成就したのです。

（２００９年５月17日）

（2）神の愛に結ばれて（詩編44編20節〜27節）

「神がわたしたちを愛して、わたしたちの罪を償ういけにえとして、御子をお遣わしになりました」（Ⅰヨハネ4・10）。すなわち、神の愛は、み子の十字架によって示されたのであり、ここに「神の愛」があります。「福音とは何か」を総括しようとしたパウロは、この「神の愛」が自分に向けられていることを十分に承知していました。同時にパウロは、この思いは、キリストを信じる者の群れ、すなわち、教会員共通の思いであることを確信し、「では、私たちは何と言ったらよいだろうか」と、語り始めるのです。

私たちの現実の姿は、救いと程遠い罪にまみれたものであることは否定しようもありません。若し神によって、この根本的な罪を糾弾されたら、私たちはとても滅びから逃れ出ることなど出来ません。しかし神は、この全てを承知の上で私たちを選び出し、教会に迎え入れてくださったのです。パウロは、「だれがわたしたちを罪にさだめることができましょう（直訳：有罪宣告者は誰か）」と問い掛け、「資格者は神のみ」であることを明らかにします。しかもその神は、有罪宣告の結果を、人間に負わせることなく、人となられた神の独り子、イエス・キリスト一身に負わせられたのです。

そのイエス・キリストが、今、「神の右に座っていて、わたしたちのために執り成してくださるのです」（ロマ8・34）。「イエス・キリストの出来事」というと、通常は「十字架と復活」「昇天と再臨」ですが、ここでパウロは、「再臨」の代わりに「執り成し」を強調しています。
旧約の詩人は、「我らはあなたゆえに、絶えることなく　殺される者となり　屠るための羊と見なされています」（詩編44・23）との嘆きを告白しています。パウロは、この詩人の預言を引用して、「自分の苦悩」を「主イエス・キリストの十字架の苦悩」と重ね合わせて見ています（ロマ8・36）。しかもパウロは、「立ち上がって、我らをお助けください。我らを贖い、あなたの慈しみを表してください」（詩編44・27）との詩人の願いが、「十字架の出来事」によって既に与えられていることを知っているのです。キリスト者の苦難の歩みには喜びが伴います。わたくしたちは、主キリスト・イエスに示された神の愛から、決して引き離されることはないのです（ロマ8・39）。

（2009年5月24日）

（3）輝かしい勝利（イザヤ書53章6節〜10節）

パウロは、キリスト者を襲う困難を「艱難・苦しみ・迫害・飢え・裸・危険・剣」と7つ数え上げます。７は完全数であり全てを表します。また、この種の困難は全てパウロ自身が直接受けたものでした（Ⅱコリント11・23〜28参照）。「剣」は殉教を示唆していると思われますが、キリスト者が全員この全部の困難を受ける訳ではありません。したがって、このテキストから必ずしも殉教を説く必要はないでしょう。しかし、いずれの困難も「死」に直結していることは確かです。パウロは、「キリストの愛を受け、キリストに堅く結び付けられているキリスト者は、どのような困難に遭遇しても決してキリストの愛から切り離されることはない。キリスト者は、その所に救いと希望を見ている」と断言するのです。さらに主イエスは、試練に遭っても、「何を言おうかと取り越し苦労をしてはならない。その時は、聖霊によって教えられることを話せば良い。語るのは聖霊である」（マルコ13・11参照）と励ましてくださっています。

「キリストの愛」とは、「十字架で示された愛」に他なりません。旧約の詩人は、「我らはあなたゆえに……屠るための羊と見なされている」（詩編44・23）と預言しています。ここに、キリスト者の本質が示され、その「羊」の姿が「苦難の僕」（イザヤ書53・6〜10）に重なっています。「賢くなく、自分勝手に動き回り、神に背き、罪を重ねる羊の群れ」の「罪」を、神はその尊い独り子イエス・キリストに負わせ、償いの献げ物としてくださいました。したがって、主イエスに結ばれている私たちは、「いつもイエスの死を体に纏っているのです」（Ⅱコリント４・10〜参照）。聖フランチェスコ（Franciscus Assisiensis, 1182~1226 平和の祈り）は、「主よ、わたしを平和の道具とさせてください。……ああ、主よ、わたしに求めさせてください……愛されるよりも愛することを。赦してこそ、赦され、死んでこそ、永遠の命に復活するからです」と祈り、自分自身でキリストを証しする歩みを続けました。

主イエスは、憐れで惨めな姿で私たちに「愛」を示し、父なる神のみ旨に沿って私たちを導いてくださいました。この主イエスの姿に自分自身を重ね合わせて生きるのが赦された者としてのキリスト者の歩みです。勿論、この歩みは修練の問題であり、聖霊によって日々前進させられているのですが、この無力な姿にキリスト者の勝利が見えています。

「わたしたちは、わたしたちを愛してくださる方によって輝かしい勝利（口語訳：勝ち得て余りある、ロマ書のみの特別な用語）を収めています」（ロマ8・37）。この勝利は、普通の勝利ではなく、究極の勝利であり、真実な・揺るぎない平和を与える勝利です。この勝利の姿を見ているのは、世の人々であり、同時に、神のまなざしです。私たちは、「世界中に、天使にも人にも、見せ物となりました」（Iコリント4・9）。私たちは、「既に世に勝っている主イエス」（ヨハネ16・33）によって揺るぎない平安に入れられているのです。

（2009年6月7日）

(4) わたしの確信（詩編36編6節～10節）

「福音とは何か」とのロマ書の主題を、「わたしは福音を恥としない。……福音には神の義が啓示されている」（ロマ1・16、17）と、明確に掲げて語り始めたパウロは、8章の最後で、「どんな被造物も、主イエス・キリストによって示された神の愛から、わたしたちを引き離すことはできない」（ロマ8・39）と、神の愛を高らかに讃えています。すなわちパウロは、「人間を滅ぼさずにおかない神の義と、その人間を滅びから救いだした神の愛が結ばれるところに福音がある」と確信（ロマ8・38、原文は受動態：説き伏せられた）しているのです。ここでパウロは、自分の信念・信仰を安易に語っているのではありません。彼は、「この信仰は神から与えられたものである。わたしは、神の愛を信じるようにされてしまった」と述べています。このことは、教会に与えられた信仰・確信でもあるのです。

パウロが数え挙げている「人を神の愛から引き離そうとする力（ロマ8・38）は、「死」以外は全て神の被造物です。このことは、私たち人間が、如何にこの世の事柄に惑わされているか、を示唆しています。また、地上の営みとの別れである「死」に対して、私たちが恐怖心を抱くのは至極当然のことです。しかし主イエスは、この「死」を滅ぼすためにこの世に遣わされて来られました。主の復活は、このことをはっきりと証しています。キリストは、「死者の中から復活し、眠りについた人たちの初穂となられました」（Ｉコリント15・20）。そして、再臨の時には、「最後の敵として、死が滅ぼされ」（Ｉコリント15・26）、「もはや、死はなくなります」（黙示21・4）。

パウロは、「死」に続けて「命（ζωή ゾーエ）」を取り上げます。聖書の中で「ゾーエ」は、通常はpossitiveに使われますが、ここは「この世の生活」との意味でnegativeに用いられている数少ない箇所です。また、「天使も」とは、人間の理解を超える様々な力を、かつ、「高い所にいるものも、低いところにいるものも」とは、天体の不思議さを示唆しています。星占いなどの不可思議な力に依り頼もうとする行為は、現代にも通じる現象です。

旧約の詩人（詩編36・6～10）は、父なる神のみ名を限りなくほめ讃え、滴り落ちる恵みに心から感謝しています。この恵みは、今、主イエス・キリストの十字架と復活によって成就しました。私たちは、礼拝において語られるみ言葉によって、「滴る恵みに潤い、甘美の流れに渇きを癒して頂きます」（詩編36・9）。主キリストによって、この喜びと感謝と告白が、今私たち自身のものとなっているのです。

（２００９年７月５日）

ローマの信徒への手紙　9章1節～5節

[1]わたしはキリストに結ばれた者として真実を語り、偽りは言わない。わたしの良心も聖霊によって証ししていることですが、[2]わたしには深い悲しみがあり、わたしの心には絶え間ない痛みがあります。[3]わたし自身、兄弟たち、つまり肉による同胞のためならば、キリストから離され、神から見捨てられた者となってもよいとさえ思っています。[4]彼らはイスラエルの民です。神の子としての身分、栄光、契約、律法、礼拝、約束は彼らのものです。[5]先祖たちも彼らのものであり、肉によればキリストも彼らから出られたのです。キリストは、万物の上におられる、永遠にほめたたえられる神、アーメン。

悲しみと痛みの中から（創世記17章1節～6節）

8章までに福音の本質を語り尽くしたパウロは、ここで一旦休憩を取ったと思われます。目が不自由なパウロ（ガラテヤ6・11参照）は、体力も消耗し、口述筆記者も粗末な筆記用具の手入れをしなければならなかったことでしょう。

しかしパウロは、再び力を振り絞って語り始めます。ロマ書9章～11章は、「神に選ばれた民であるユダヤ人が、何故神の救いを受け入れないのか、何故このように度重なる迫害を加えてパウロたちを悲しませ、心を痛ませるのか」（使徒9・25、13・50参照）を縷々《るる》と語っています。異邦人伝道に注力するパウロに対して、同胞であるユダヤ人が「パウロに偽りあり」（ロマ9・1参照）と非難していますが、預言者イザヤの預言（49・6　わたしはあなたを僕として／ヤコブの諸部族を立ち上がらせ／イスラエルの残りの者を連れ帰らせる。だがそれにもまして／わたしはあなたを国々の光とし／わたしの救いを地の果てまで、もたらす者とする。）を自分に対しての使命であると自覚しているパウロは（使徒13・47参照　主はわたしたちにこう命じておられるからです。『わたしは、あなたを異邦人の光と定めた、／あなたが、地の果てにまでも／救いをもたらすために。』）、ここで「神の救いのご計画の筋道」を確かめているのです。

パウロは、「わたしには深い悲しみがあり、わたしの心には絶え間ない痛みがあることを、わたしの良心も聖霊によって証している」と言います。ここで「良心」と訳されているギリシャ語の原意は、「共に見る」であり、「証しする」と訳されているギリシャ語も「共に証言する」という意味を持った合成語です。パウロと共にいてくださるのは当然「神」であり、この「悲しみ、苦しみ」はパウロ個人の感情ではなく、聖霊なる神も「共にうめいていてくださる」のです。

パウロは、「このような状態に置かれている同胞が救われるのなら、自分は神に見捨てられても良い」（ロマ9・3）との驚くべき言葉を口にします。しかも、同胞のことを「ユダヤ人」とは呼ばず、信仰の友である「イスラエル」と呼びかけています。「イスラエル」とは、「神の栄光、神の臨在、神共にましますこと」ことであり、そこには「アブラハムに対する祝福の契約・約束」（創世記17・1〜）が確認され、保存されています。救い主イエス・キリストは、（肉によれば）この系図から出られた（ロマ9・5）のであり、神の契約は、今、主イエス・キリストによって成就しました。信仰の民として選ばれ、この救済の中心にいるイスラエルが、主イエスのみ言葉を受け入れないことが、「パウロの悲しみ」であったのです。

「パウロの悲しみ」は、異教徒の地、現代日本の伝道の業に通じる悲しみです。私たちも、福音の喜びを、まだイエス・キリストを知らない同胞に何とかして宣べ伝えたいと祈っています。「愛の業」とは、まさにこの伝道の業に他なりません。

嘆き悲しむパウロは、突如、「キリストは、万物の上におられる、永遠にほめたたえられる神、アーメン」（ロマ9・5）と、神を賛美します。全てを打開する一点は、この賛美と祈り以外にはあり得ないのです。

（２００９年７月19日）

ローマの信徒への手紙　9章6節～13節

[6]ところで、神の言葉は決して効力を失ったわけではありません。イスラエルから出た者が皆、イスラエ
ル人ということにはならず、[7]また、アブラハムの子孫だからといって、皆がその子供ということにはな
らない。かえって、「イサクから生まれる者が、あなたの子孫と呼ばれる。」[8]すなわち、肉による子供が
神の子供なのではなく、約束に従って生まれる子供が、子孫と見なされるのです。[9]約束の言葉は、「来年
の今ごろに、わたしは来る。そして、サラには男の子が生まれる」というものでした。[10]それだけではな
く、リベカが、一人の人、つまりわたしたちの父イサクによって身ごもった場合にも、同じことが言えま
す。[11-12]その子供たちがまだ生まれもせず、善いことも悪いこともしていないのに、「兄は弟に仕える
であろう」とリベカに告げられました。それは、自由な選びによる神の計画が人の行いにはよらず、お召
しになる方によって進められるためでした。[13]「わたしはヤコブを愛し、／エサウを憎んだ」と書いて
あるとおりです。

神の言葉は貫かれる（創世記17章15～22節）

パウロは、「兄弟たち」（ロマ9・3）と、キリスト教徒同士の呼びかけの言葉を用い、直ちに、「肉

による同胞（すなわち、ユダヤ人）」と言い替えています。彼は、本来真っ先に救われる筈のユダヤ人がキリストを信じられずにいることに耐え難い思いを抱いていました。「彼らが救われるためなら、自分は見捨てられても良い」（ロマ9・3参照）とのパウロの強い願望は、「金の仔牛を作った民の執り成しを祈るモーセ」（出エジプト記32・31、32）に重なっています。

しかし、事態はパウロの願いとは全く逆に動いていました。ユダヤ人の多くは、キリストの福音を受け入れようとはしなかったのです。パウロの内には、「アブラハム以来の神の祝福の約束は無効になったのか？　あるいは、キリストの出来事は、神の約束の成就ではなかったのか？」との恐ろしい囁きが襲ってきました。得てして人間は、自分の知識の範囲で納得してことを収めようとする傾向がありますが、「真の信仰は、神が望んでいる事柄を確信し、見えない事実を確認すること」（ヘブライ11・1参照）です。すなわち、信仰にとって大切なことは、目に見える現象に振り回されることなく、神のみ旨に目を向けることなのです。

そこでパウロは、「人間の知識内で説明がつくか否かは問題ではない。神の言葉は決して効力を失ったわけではない。何故ならば（新共同訳では省略されている）、イスラエルから出た者が皆、イスラエル人ということにはならず、アブラハムの子孫だからといって、皆がその子供ということにはならない」（ロマ9・6、7）と切り出します。すなわち、「イスラエル（創世記32・29参照）とは〝神の支配〟のことであり、民族が同じであっても信仰を受け継がなければ〝イスラエル人〟にはなり得ない」というのです。このことを洗礼者ヨハネは、「蝮の子らよ。『我々の父はアブラハムだ』などと思ってもみるな」（マタイ3・8、9）と教えています。パウロはここで、「かえって、『イサクから生れる者が、あなたの子孫と呼ばれる』」（ロマ9・7）と言います。天使から「イサクの誕生予告」を受けたサラは、〝余りにも不可能なこと〟と考え、思わず笑ってしまいました（創世記18・12）。しかし神は、その不信仰の「笑い」を、祝福に感謝する「笑い（イサク）」に変えてくださいました。しかも神は、イサクの長子エサウを選ばず、人間的にはかなり問題のあるヤコブを選ばれました。これは、神の自由な選びであり（マラキ書1・2、3参照　エサウはヤコブの兄ではないかと主は言われる。しかし、わたしはヤコブを愛しエサウを憎んだ。）、主権はあくまで神にあることを示唆しています。すなわち、私たち人間の限られた知識では説明できない出来事が起こったのです。パウロは、この点に神の一方的な恵みを見ています。

今、この現代に生かされている私たちは、「エサウが可愛そうだ」などとの悠長な感想を述べている状態ではありません。十字架と復活は説明できる出来事ではありません。私こそが「ヤコブ」です。誇るべきことが何もなく、否、過ちばかりの私が神に選ばれているのです。

（2009年7月26日）

ローマの信徒への手紙　9章14節～18節

[14]では、どういうことになるのか。神に不義があるのか。決してそうではない。[15]神はモーセに、／「わたしは自分が憐れもうと思う者を憐れみ、／慈しもうと思う者を慈しむ」と言っておられます。[16]従って、これは、人の意志や努力ではなく、神の憐れみによるものです。[17]聖書にはファラオについて、「わたしがあなたを立てたのは、あなたによってわたしの力を現し、わたしの名を全世界に告げ知らせるためである」と書いてあります。[18]このように、神は御自分が憐れみたいと思う者を憐れみ、かたくなにしたいと思う者をかたくなにされるのです。

神の憐みによって（マラキ書1章2～5節）

パウロは、「ヤコブが選ばれ、エサウが憎まれたのは、神の自由な選び・ご計画であった」と断言します。私たち人間は、自分の考え方で納得できないと、「神は義の規範に反しているのではないか」との怒りを抱くことがありますが、「神の義」は絶対です。人間が分からないのは、「神の予定は全くの迷宮であって、人間がそこから抜け出すことは出来ない」（カルヴァン）からです。ただし、その「神の義」は「憐み」によって進められていることを覚えなければなりません。「神は、自分が憐れもうと思う者を憐れみ、慈しもうと思う者を慈しむ」（出エジプト記33・19、LXX訳）のです。「したがって、すべての出来事は人の意志や努力（原意：走る）によるのではなく、神の憐れみによって起こる」ことを知らなければなりません。

この乱れた世の中で、教会が今尚語ることの出来るのは、「世界は神の憐れみの内にある」の一点です。その語る言葉には何の根拠もありません。教会は、「私たちは神から見捨てられていない。十字架で救いを与えられた。救いはキリストの十字架以外にはない」ことを、ただ信じているのです。

パウロはさらに話を進め、「エジプトのファラオが心を頑なにしたことも、神の業である。神は、ファラオの心を頑なにしたままに任せ、そのファラオをも用いてご自身の裁きを示された。主権は、全て神にある」と説いています。

この神の憐れみをこの世に宣べ伝えるのが教会の伝道の業です。ここに「慰め」があり、ここにキリスト者の生きる道が示されているのです。

（２００９年８月２日）

ローマの信徒への手紙　9章19節～29節

19ところで、あなたは言うでしょう。「ではなぜ、神はなおも人を責められるのだろうか。だれが神の御
心に逆らうことができようか」と。20人よ、神に口答えするとは、あなたは何者か。造られた物が造った
者に、「どうしてわたしをこのように造ったのか」と言えるでしょうか。21焼き物師は同じ粘土から、一
つを貴いことに用いる器に、一つを貴くないことに用いる器に造る権限があるのではないか。22神はその
怒りを示し、その力を知らせようとしておられたが、怒りの器として滅びることになっていた者たちを寛
大な心で耐え忍ばれたとすれば、23それも、憐れみの器として栄光を与えようと準備しておられた者たち
に、御自分の豊かな栄光をお示しになるためであったとすれば、どうでしょう。24神はわたしたちを憐れ
みの器として、ユダヤ人からだけでなく、異邦人の中からも召し出してくださいました。25ホセアの書に
も、次のように述べられています。「わたしは、自分の民でない者をわたしの民と呼び、／愛されなかっ
た者を愛された者と呼ぶ。26『あなたたちは、わたしの民ではない』／と言われたその場所で、／彼らは
生ける神の子らと呼ばれる。」27また、イザヤはイスラエルについて、叫んでいます。「たとえイスラエル
の子らの数が海辺の砂のようであっても、残りの者が救われる。28主は地上において完全に、しかも速や
かに、言われたことを行われる。」29それはまた、イザヤがあらかじめこう告げていたとおりです。「万軍
の主がわたしたちに子孫を残されなかったら、／わたしたちはソドムのようになり、／ゴモラのようにさ

れたであろう。」

神に造られた器（イザヤ書45章9節〜12節）

ローマ教会にはパウロの既知の友人もいたでしょうが、その多くは彼にとっては未知の人たちでした。その人たちに対してパウロは、「あなた」（ロマ9・19）と、単数形で親しみを込めて語りかけています。

パウロは、「神の言葉は効力を失ったのか」（ロマ9・6）、「神に不義があるのか」（ロマ9・14）に続き、「神がみ旨の通りに為さるのなら、何故人間を責められるのか」（ロマ9・19）との三つ目の疑問を投げかけます。この三つの疑問に共通していることは、「人間は神のご計画に逆らえないのだから、人間に責任がある筈がない」との思いに基づいて「神の正しさ、責任を問う」姿勢です。この疑問が無信仰の者のものであれば問題はありませんが、信仰者の不遜な思いから発する「拗ねたような、神に食って掛かっているような」態度が問題となってくるのです。実は、「何故！」と問いかけるのは、自分の思い通りにならない時の私たちの現実の姿なのです。ここでパウロは、「（神の責任を問うとは）あなたは何者か！」（ヨブ記38・2参照　これは何者か。知識もないのに、言葉を重ねて神の経綸を暗くするとは。）と、「人間存在の根源」を問い掛けます。創造者と被造物との関係を問うこの設問は、「パウロの最後の、そして、全ての言葉」と言っても過言ではありません。「創造者である神が命を与えてくださり、生かしてくださる。したがって、今、わたしはここにいる」ことが、信仰の全ての前提なのです。

預言者イザヤの預言（45・9～）を引用したパウロは、「焼き物師（神）は、同じ粘土から、一つを尊いことに用いる器に、一つを尊くないことに用いる器に造る権限がある」と言います。私たちは、「尊くない器」から「ファラオ」や「イスカリオテのユダ」に思いを馳せます。神が、醜い人間の実態を通してそのみ業を行われてきたことは事実であり、その究極は十字架です。しかし、私たちは今、十字架が救いのみ業であり、神のご計画であったことを知っているのです。

ここで大切なことは、「自分を尊いことに用いられる器であり、他の人は尊くないことに用いられる器であるとは決して考えてはならない」ことです。私たちは、「ユダであった」のであり、「ユダになる可能性を秘めた存在」であることを忘れてはなりません。この点に、選民意識を持つユダヤ人への厳しい指摘が垣間見えます。神の救いは、選ばれた者、選ばれなかった者の視点からではなく、福音を受け入れた者を憐れみの器として用いられました。パウロは、「ホセアの預言には、イスラエルの民だけではなく、異邦人も含まれる」と考えたのです。「神は全世界を創造された」が、恵みによって生かされている信仰者の自覚なのです。

（２００９年８月23日）

ローマの信徒への手紙　9章30節～33節

[30]では、どういうことになるのか。義を求めなかった異邦人が、義、しかも信仰による義を得ました。
[31]しかし、イスラエルは義の律法を追い求めていたのに、その律法に達しませんでした。[32]なぜですか。
イスラエルは、信仰によってではなく、行いによって達せられるかのように、考えたからです。彼らはつ
まずきの石につまずいたのです。[33]「見よ、わたしはシオンに、／つまずきの石、妨げの岩を置く。これ
を信じる者は、失望することがない」と書いてあるとおりです。

信仰による義（イザヤ書28章14節～18節）

私たち人間は、「神のみ心を待つ（究極的には、終末を待つ）謙虚さ」に欠けているため、この世の歩みのいたるところで何とも身勝手に「神の責任」を問います。このことに関して、三つの命題（ローマ9・6、14、19参照）を掲げて「人間は如何に神に向うべきか」の根本問題を問い続けてきたパウロは、

9章の最後で愈々問題の核心に迫ります。

パウロは、「義（＝神との関係における正しさ）を求め（διώκω）なかった異邦人が信仰による義を得、義の律法を追い求め（διώκω）ていたイスラエルがその律法に達することが出来なかった」と断言します。パウロが、「義」のことを「信仰による義」と言い直していることは注目に値します。すなわちパウロは、「神の義は、自分の力で求めて与えられるものではなく、神の一方的な憐れみによって、分け与えられるものである」ことを強調しているのです。ここでパウロは、「異邦人」という言葉を、「群集、民族、人々」という広義の意味で用いており、必ずしも異邦人全体を指しているのではありません。また同時に、ユダヤ人のことを9章で何度も「イスラエル」と呼ぶのは、「神の救いに招かれている筈の者」の意を込めています。すなわちパウロは、「信仰による義」という表現を用いて、「集められた者・教会」を示唆しています。

「律法を守ること」によって「義」が得られる、と考えていたユダヤ人は、いわば「因果応報の信仰」に浸っていた、と言えるでしょう。（古代エジプトの「死者の書」には、「死者の心臓」と「真実の鳥の羽」が天秤に掛けられて判定される裁きの場面が記されている。死者が真実を語れば死後の世界に行く。偽りを語れば滅ぼされる。）

今、プロテスタント教会の中に、「十字架と復活は、〃人間の生き方を示す〃出来事であり、信じるだけでは十分ではない。何か為さなければならない」と考える傾向が出ていることが懸念されます。修道院で厳しい修行を重ねた宗教改革者ルターが、行いでは如何にしても救いの確信を持てなかった故事が思い出されます。「行いによって救われる」との信仰は「自我の思い上がり」に通じるのです。教会は、「信仰による義」の原点に立ち返ることを求められています。「行いを付加しなければならない」との考え方は、「十字架の出来事を小さくする」ことであり、そのこと自体が、十字架に「つまずく」（イザヤ書8・14 主は聖所にとって、は、**つまずきの石** 28・16 それゆえ、主なる神はこう言われる。「わたしは一つの石をシオンに据える。これは**試みを経た石**／堅く据えられた礎の、**貴い隅の石**だ。信ずる者は慌てることはない。参照）ことになるのです。

（2009年8月30日）

ローマの信徒への手紙　10章1節～4節

[1]兄弟たち、わたしは彼らが救われることを心から願い、彼らのために神に祈っています。[2]わたしは彼らが熱心に神に仕えていることを証ししますが、この熱心さは、正しい認識に基づくものではありません。[3]なぜなら、神の義を知らず、自分の義を求めようとして、神の義に従わなかったからです。[4]キリストは律法の目標であります、信じる者すべてに義をもたらすために。

神の義によって（イザヤ書51章4節～8節）

パウロは、同胞ユダヤ人から度重なる迫害を受けながらも、尚且つ、ユダヤ教の会堂シナゴーグで福音を説き続け、「彼ら」が救われることに関する「心からの願い」と「神への祈り」を切実に語り始めます。（「彼ら」の中にはパウロの肉親も含まれていたことでしょう。現実は、「肉親が信仰に入るその時」は「待つ」以外に方策がないのです。）

　ユダヤ人たちは、確かに「熱心に神に仕えていました」（ロマ10・2）。過去には、パウロ自身が「熱心に」（フィリピ3・6）キリスト者を迫害しており、そのユダヤ人の「熱心さ」が義の名の下でイエスを十字架に付けてしまったのです。イエス・キリストとの劇的な出会いを経験したパウロは、その「熱心さ」が「正しい認識（口語訳：深い知識）」に基づくものではないことを知らされました。「神の義」は、十字架によって示されました。その「言葉は、滅んでいく者にとっては愚かなものですが、わたしたち救われる者には神の力です」（Ｉコリント1・18）。主なる神は、十字架においてその義を示し、信じる者の罪を赦してくださいました。これ程の大きな犠牲によらなければ、人間の罪は精算できず、神の義は立たなかったのです。

　旧約の預言者イザヤは、「わたし（主）の裁きは、すべての人の光として輝く。島々（世の全ての人々）はわたしに望みを置き　わたしの腕を待ち望む」（イザヤ書51・4、5）と預言しました。この神の義を認めない人間は、「自分の義」を求め、何とかして「自分が正しいこと」を示そうとします。しかし、十字架の出来事はその全ての企てが如何に空しいことであるかを明らかにしました。

　今私たちに求められていることは、「神の義に従うこと、すなわち、十字架に従うこと、神の恵みを感謝して受けること」のみです。この十字架の恵みには、何も（如何なる業も）付け加える必要がありません。「キリストは律法の目標（＝終わり、完成）です」（ロマ10・4）。言い替えれば、「律法は、わたしたちをキリストのもとへ導く養育係であり」（ガラテヤ3・24）、律法は十字架で成就したのです。

救われた者として改めて律法（十戒）を読むと、「律法が救いのしるし」であることが正しく認識できます。主の救いの射程には、全世界が入れられています。義によって生きる幸いの歩みは、信じる者全てに与えられているのです。私たちは、この群れに同胞が加えられる日をひたすら祈りつつ待ち望んでいます。

（2009年9月6日）

ローマの信徒への手紙　10章5節～13節

5モーセは、律法による義について、「掟を守る人は掟によって生きる」と記しています。6しかし、信仰
による義については、こう述べられています。「心の中で『だれが天に上るか』と言ってはならない。」こ
れは、キリストを引き降ろすことにほかなりません。7また、「『だれが底なしの淵に下るか』と言っても
ならない。」これは、キリストを死者の中から引き上げることになります。8では、何と言われているのだ
ろうか。「御言葉はあなたの近くにあり、／あなたの口、あなたの心にある。」これは、わたしたちが宣べ
伝えている信仰の言葉なのです。9口でイエスは主であると公に言い表し、心で神がイエスを死者の中か
ら復活させられたと信じるなら、あなたは救われるからです。10実に、人は心で信じて義とされ、口で公
に言い表して救われるのです。11聖書にも、「主を信じる者は、だれも失望することがない」と書いてあ
ります。12ユダヤ人とギリシア人の区別はなく、すべての人に同じ主がおられ、御自分を呼び求めるすべ
ての人を豊かにお恵みになるからです。13「主の名を呼び求める者はだれでも救われる」のです。

心で信じ、口で言い表し（申命記30章11節～14節）

パウロは、レビ記18・5を用いて、「律法による義とは、〝掟（律法）を守る人は掟によって生きる〟

ことである」と述べ、「これまでユダヤ人は律法を正しく行うことによって救われると考えてきた」ことを確認します。しかし、人間の現実の姿を正しく見詰めれば、「律法を実行することによってはだれ一人神の前では義とされません。律法によっては罪の自覚しか生じない」（ロマ3・20）ことは明らかです。これまでパウロは、「信仰こそが救いへの唯一の道である」ことを説き続けてきたのです。

ここでパウロは、当時「不可能」を表現するために用いられていた慣用句（だれが天に上るか。だれが底なしの淵に下るか）を使って、「キリストの出来事（十字架と復活）」を否定してはならない。この出来事をそのまま信じることが〝信仰による義〟である」と強調します。そして、申命記30・14を用いて、「信仰による義とは何であるか」を自問自答するのです（ロマ10・8）。パウロは、律法が預言した神の「御言葉は、主イエス・キリストの出来事によって成就した。キリストは、律法の目標であり成就である。そのことを信じれば救われる。決して難しいことではない」と説くのです。

「イエスは主である」とは、「聖霊の導きによって与えられたキリスト教の最古の信仰告白」（Iコリント12・3）です。この信仰を「口で公に言い表し、心で信じる」とは、「十字架（贖罪）と復活（救い）」を一つの出来事として全身全霊で信じることを意味しています。使徒信条に倣ってさらに言えば、「十字架、復活、昇天」の出来事を切り離さずに信じることになります。これが、代々の教会が受け継いできた信仰です。

さらにパウロは、「口で告白し、心で信じる」の順番を、「実に（直訳：何故なら）、人は心で信じて義とされ、口で公に言い表して救われる」と入れ替えて表現しています。「公に言い表す」こととと「信じる」ことは表裏一体なのです。「公に」とは、洗礼の場が考えられています。同時に、「告白する」には「賛美する」という意味が込められています。すなわち、この信仰告白は、新たにキリスト者になる者に限らず、全てのキリスト者の日々の歩みを表わしています。「信じる者は失望することがありません」（ロマ10・11、イザヤ書28・16）。「呼び求める者は誰でも救われます」（ロマ10・13、ヨエル書3・5）。そこには、一切の差別はありません。「口で言い表わす」ことは「呼ぶこと」に繋がり、「キリストを呼ぶ」ことは「キリストの父なる神を呼ぶ」ことに拡がっていきます。私たちが呼び求める神は、漠然とした神ではなく、既に私たちに救いを与えてくださった神です。その神を呼ぶキリスト者の生活は、「感謝」と「賛美」と「祈り」であり、「祈り」は「感謝」と「賛美」によって成り立っていると言えます。その「呼び求め」は、何よりも「礼拝」においてなされるのです。

（２００９年９月20日）

ローマの信徒への手紙　10章14節～21節

[14]ところで、信じたことのない方を、どうして呼び求められよう。聞いたことのない方を、どうして信
じられよう。また、宣べ伝える人がなければ、どうして聞くことができよう。[15]遣わされないで、どうし
て宣べ伝えることができよう。「良い知らせを伝える者の足は、なんと美しいことか」と書いてあるとお
りです。[16]しかし、すべての人が福音に従ったのではありません。イザヤは、「主よ、だれがわたしたち
から聞いたことを信じましたか」と言っています。[17]実に、信仰は聞くことにより、しかも、キリストの
言葉を聞くことによって始まるのです。[18]それでは、尋ねよう。彼らは聞いたことがなかったのだろうか。
もちろん聞いたのです。「その声は全地に響き渡り、／その言葉は世界の果てにまで及ぶ」のです。[19]そ
れでは、尋ねよう。イスラエルは分からなかったのだろうか。このことについては、まずモーセが、／「わ
たしは、わたしの民でない者のことで／あなたがたにねたみを起こさせ、／愚かな民のことであなたがた
を怒らせよう」と言っています。[20]イザヤも大胆に、／「わたしは、／わたしを探さなかった者たちに見
いだされ、／わたしを尋ねなかった者たちに自分を現した」と言っています。[21]しかし、イスラエルにつ
いては、「わたしは、不従順で反抗する民に、一日中手を差し伸べた」と言っています。

信仰は聞くことから（イザヤ書52章7節～10節）

パウロは、「主の名を呼び求める者は誰でも救われる」（ロマ10・13）と断言します。しかし、「主の名を呼ぶ」ためには、神から遣わされ、神から託された福音を宣べ伝える者がおり、かつ、その福音を聞いて信じることが不可欠です。逆に言えば、福音を信じるキリスト者は全て、「神から遣わされた」との召命感のもとで神の言葉を持ち運ぶメッセンジャーである、と言えるでしょう。

福音の原意は「戦勝あるいは王子の誕生の知らせ」ですが、やがて「平和の到来の知らせ」となり、今やその真意は、「主イエス・キリストによってもたらされた神の支配の確立」となりました。旧約の預言者イザヤは、「その良い知らせを伝える者の足は、（山々を越えて来てさぞかし汚れているであろうが）なんと美しいことか」（イザヤ書52・7）とほめたたえています。

その「良い知らせ・福音」を聞いた者全てが、そのまま信じたわけではありません（パウロは彼独特の手法で、〝わたしたちの聞いたこと〟〈イザヤ書53・1〉を〝わたしたちから聞いたこと〟〈ロマ10・16〉と読み替えています。キリスト教は、このイザヤ書預言にイエスの受難を読みます）。しかし、まことの信仰は、まさに「聞くことにより」（ロマ10・17、直訳：聞くことから）始まるのです。「聞く」とは文字通り「音声を聞く」ことであり「聖書を読む」ことですが、さらに大切なことは「自分を空しくして、その内容を心に受け止めること」です。

「聞く内容」は、「キリストの言葉」（ロマ10・17）に他なりません。その「言葉」とは、「主イエス・キリストご自身の教え（聖書）」でもあり、「主イエス・キリストを内容とする教え」でもあります。さらに、「言葉」（ロマ10・17）と訳されているギリシャ語が「出来事」（ルカ2・15）とも訳されることからも分かるように、「キリストの言葉」とは「キリストの出来事（十字架と復活）」を指し示しています。しかもその言葉は、パウロ自身も「受け継いできたもの」（Ⅰコリント15・3参照）です。すなわち、代々の教会は、この言葉を受け継ぎ、かつ、次の世代に引き継いできたのです。

この福音は「全地に響き渡っている」（ロマ10・18、詩編19・5）のですから、キリストを受け入れないユダヤ人たちも聞いたことはある筈です。「聞いたにもかかわらず福音を信じないで、異邦人が受け入れていることを妬むとは何事か！」（ロマ10・19、申命記32・21）とパウロは詰問しています。既にイザヤ書は、「異邦人が神を受け入れる」（イザヤ書65・1）ことを預言し、さらに、「神に背き続けるイスラエルの民をも、決して見捨ててはおかない。一日中手を差し伸べている」（ロマ10・21、イザヤ書65・2）と預言しています。

今日から始まる一回りの日々、み言葉を聞き、悔い改めて神のもとへ立ち返り、そのみ言葉を携え宣べ伝えて歩んで参りたいと祈ります。

（２００９年10月４日）

ローマの信徒への手紙　11章1節〜10節

[1]「では、尋ねよう。神は御自分の民を退けられたのであろうか。決してそうではない。わたしもイスラエ
ル人で、アブラハムの子孫であり、ベニヤミン族の者です。[2]神は、前もって知っておられた御自分の民
を退けたりなさいませんでした。それとも、エリヤについて聖書に何と書いてあるか、あなたがたは知ら
ないのですか。彼は、イスラエルを神にこう訴えています。[3]「主よ、彼らはあなたの預言者たちを殺し、
あなたの祭壇を壊しました。そして、わたしだけが残りましたが、彼らはわたしの命をねらっています。」
[4]しかし、神は彼に何と告げているか。「わたしは、バアルにひざまずかなかった七千人を自分のために
残しておいた」と告げておられます。[5]同じように、現に今も、恵みによって選ばれた者が残っています。
[6]もしそれが恵みによるとすれば、行いにはよりません。もしそうでなければ、恵みはもはや恵みではな
くなります。[7]では、どうなのか。イスラエルは求めているものを得ないで、選ばれた者がそれを得たの
です。他の者はかたくなにされたのです。[8]「神は、彼らに鈍い心、見えない目、／聞こえない耳を与え
られた、今日に至るまで」と書いてあるとおりです。[9]ダビデもまた言っています。「彼らの食卓は、／自
分たちの罠となり、網となるように。つまずきとなり、罰となるように。[10]彼らの目はくらんで見えなく
なるように。彼らの背をいつも曲げておいてください。」

神はその民を見捨てられない（列王記上19章11節〜18節）

私たちは試練に遭遇するとしばしば、「神はご自分の民を見捨てられたのか」との恐ろしい疑問を抱きます。この疑問に対してパウロは改めて、「そこで私は言う（ロマ11・1の直訳）。憐れみの神・恵みの神は、必ずそのみ業を為してくださる。神はその民を決して見捨てられない」と断言しています。そしてパウロはその確信の根拠を、「生粋のユダヤ人である（ロマ11・1、フィリピ3・5）自分自身が、神に前もって知られており（ロマ11・2参照）、キリストの十字架と復活の出来事によって救いに入れられた」（Ⅰコリント1・18参照）という確たる体験に求めます。「前もって知っておられた」とは、「秘められた神の恵みのご計画」です。私たちは、そのご計画の全てを知り尽くすことはできませんが、信じることは出来ます。パウロは、「何故ならば、この生粋のユダヤ人で律法を遵守し、キリスト者を迫害していたこの私が信じる者に変えられた。これは神の不思議な業であり、自分の意志を超えた出来事である」というのです。

旧約の預言者エリアは、「まことの神を信じる者を7千人残す」（列王記上19・18）との神のみ言葉を聞きました。「7千」とは、「思いもかけない多数」という意味でもあり、また、完全数をも示唆しています。パウロは、この預言が、「現に今の時」（ロマ11・5直訳）成就したと受け止めています。この「今の時（カイロス）」とは、この世の「時間（クロノス）」ではなく、神の時です。「恵みによって救いに入れられた7千人」とは、既にキリスト者とされた者も、未だ信仰を告白していないが既に選ばれている者も含むと考えられます。神の救いのみ業は、今、すなわち、神の時間で進められているのであり、キリストの教会はこのご計画のもとで歩んでいるのです。「教会の力とは、（教勢などによるのではなく）恵みに選ばれていることを確信していること、にその根拠がある」のです。

ここでパウロは、「救いは神の一方的な恵みによるのであり、行いによるのではない」（ロマ11・6）ことを再度確認しています。すなわち、「恵み」は「行い」の報酬ではありません。若し、行いによって救われるなら、十字架は不要でした。逆に言えば、神は「必要だから十字架を用意されたのです。「十字架」は、思い上がっていた人々によって引き起こされました。そして今、思い上がる者を打ち砕くものとなったのです。「悔い改める心のないところに救いはありません」（申命記29・3参照 主はしかし、今日まで、それを**悟る心、見る目、聞く耳をあなたたちにお与えにならなかった。**）。「イスラエルの民は、目が暗くされ見ることが出来ないようにされていました」（詩編69・23、24参照 どうか、彼らの食卓が彼ら自身に罠となり／仲間には落とし穴となりますように。**彼らの目を暗くして／見ることができないようにし**／腰は絶えず震えるようにしてください。）。しかしパウロは、「今や、十字架の出来事によって、主イエス・キリストを信じる者は全て救いに入れられるように変えられた。この中にはユダヤ人も含まれている」ことを確信しています。

この出来事に神の真実があります。この確信に支えられて信仰の歩みを続けて参りたいと祈ります。

（２００９年10月18日）

ローマの信徒への手紙　11章11節～12節

11 では、尋ねよう。ユダヤ人がつまずいたとは、倒れてしまったということなのか。決してそうではない。かえって、彼らの罪によって異邦人に救いがもたらされる結果になりましたが、それは、彼らにねたみを起こさせるためだったのです。12 彼らの罪が世の富となり、彼らの失敗が異邦人の富となるのであれば、まして彼らが皆救いにあずかるとすれば、どんなにかすばらしいことでしょう。

躓きから救いへ（詩編51編16節～19節）

パウロは、「ユダヤ人は度々躓いたが、彼らは決して倒れ（滅び）てしまったのではない」（ロマ11・11）と言います。すなわちパウロは、「恵みと憐れみの神が為されることに不正がある筈がない。ユダヤ人の躓きは神のみ旨の内にある出来事であり、彼らが為した罪によって異邦人に救いが与えられた」と確信しています。（ここで罪と訳されているギリシャ語は、〝パラプトーマ：落度、踏み外し、罪過〈口語訳〉であり、聖書が〃人間の罪〃をいう時の〃ハマルティア：的外れ〃ではない。）

具体的には、第一にユダヤ人が主イエスを十字架に付けたことを示唆しています。さらに、「福音伝道への妨害行為」（使徒13・50、18・6参照）も挙げることが出来ます。すなわち、ユダヤ人が犯したこれらの「落度・罪過」によって、ユダヤ人と異邦人を隔離していた壁が取り除かれ、「皆、キリスト・イエスにおいて一つ」（ガラテヤ3・28）とされました。「キリストは、御自分の肉において敵意という隔ての壁を取り壊してくださった」（エフェソ2・14）のです。

ユダヤ人の罪過によって異邦人に救いがもたらされたことが、今度は逆にユダヤ人に妬みを起こさせることになりました。「妬み」とは、通常はマイナスイメージで用いられる言葉ですが、原意は「激しい感情の表現」です（口語訳は、この箇所をプラスイメージで解釈し、「救いが異邦人に及び、それによってイスラエルを奮起させられる」と訳している）。ここでパウロは、ユダヤ人の躓きは、全てを良しとする神のご計画の内にある出来事であり、「彼らの罪が世の富となり、彼らの失敗が異邦人の富となった」（ロマ11・11）と断言しています。これこそが神の神秘であり、奥義なのです。

私たちの信仰の歩みは、まさにこの躓きの繰返しです。神の救いは、洗礼によって私たちに既に与えられていますが、その歩みの中にまことの悔い改めがある時、神の救いは日々新たにされるのです。神に背いて罪を犯したダビデは、「まことの悔い改めの後に、心から神を賛美しています」（詩編51・3～）。パウロは、ユダヤ人が「皆（原意：充満）救いにあずかるとすれば、どんなにかすばらしいことでしょう」（ロマ11・12）と言います（ここで言う「皆＝充満」を「ユダヤ人全員＝量」と解釈することには多少問題が残る。「ユダヤ人に本来与えられている使命の達成、すなわち、質」が問われている、と考えるべきであろう）。

ユダヤ人の躓きは、現代に生かされている私たちキリスト者自身の問題です。しかしパウロは、決して人間の持つ〝危うさ〟を指摘しているのではなく、神の恵みの確かさを確信しているのです。「躓きから救いへ」の不思議さに、神の神秘が秘められているのです。

（２００９年11月22日）

ローマの信徒への手紙　11章13節～16節

[13]では、あなたがた異邦人に言います。わたしは異邦人のための使徒であるので、自分の務めを光栄に思います。[14]何とかして自分の同胞にねたみを起こさせ、その幾人かでも救いたいのです。[15]もし彼らの捨てられることが、世界の和解となるならば、彼らが受け入れられることは、死者の中からの命でなくて何でしょう。[16]麦の初穂が聖なるものであれば、練り粉全体もそうであり、根が聖なるものであれば、枝もそうです。

神のご計画への信頼（民数記15章17節～21節）

ローマ教会の大多数の会員は異邦人でした。パウロは彼らに向かって、「自分は異邦人のための使徒であり（ガラテヤ2・7、8参照）、あなた方に福音を宣べ伝える務めを光栄に思う」（ロマ11・13）と言います。しかもパウロは、実際は「復活の主に出会った」（使徒9・1～）のにもかかわらず、

「自分はキリストを見た」（Ⅰコリント9・1参照）とまで言い、神の働きかけによって使徒として立てられた使命感を強調しています。そして直ぐに、「同胞ユダヤ人の救い」に思いを馳せるのです。ここで「同胞」と訳されているギリシャ語の直訳は「私の肉（σάρκα）」です。パウロが、如何にユダヤ人に親愛の情を注いでいたかが伺える表現です。現代に生かされている私たちも、自分が救われたことに対する感謝を、同胞の隣人に伝えていく「善意、心の豊かさ」を大切にして参りたいと祈ります。

パウロは現実に即して、「ユダヤ人の内の〝幾人かでも〟救いたい」と言います。一人が変われば世界が変わります。「一人」が全ての始まりです（このことは、主イエスご自身が「見失った羊」や「無くした銀貨」のたとえを用いて懇切にお教えくださっている。ルカ15・1～参照）。そしてパウロは、一気に「世界の和解」に話を膨らませていきます。確かに「ユダヤ人が躓き、主イエスを十字架につけたこと（ロマ11・15、彼らが捨てられる）」によって福音は全世界に伝えられました。十字架は、全人類の「驕り、高ぶり」を徹底的に打ち砕きます。その十字架によって私たちは自分の罪を悔い改め、神の赦しを求めて神の御許へと近づいていきます。今や、そこには「ユダヤ人と異邦人の区別は存在しない」（エフェソ2・11～参照）のです。

新しいイスラエルが誕生しました。「救い」とは、「神の命に結ばれること」であり、「神との交わりに入れられること」に他なりません。捨てられた者が「受け入れられた」（ロマ11・15）ことは、神のご計画の成就が最終段階に入ったことの〝しるし〟です。神に受け入れられて聖なるものとされたユダヤ人は、民族全体の執り成しの役目を与えられたのです（旧約の民〈民数記15・19〉は、収穫の一部を献納物として神に献げた。聖別された献納物によって、全体が〝聖なるもの〟に変えられる）。

全人類の救いを願う神のご計画は、今、着実に進行しています。そこには、ユダヤ人と異邦人（日本人も）の区別はありません。救われた日本人はまだ極めて少数ですが、私たちキリスト者は神のご計画を信頼し、異教の地にあってアドベントの日々をしっかりと歩んで参りたいと祈ります。

（２００９年12月６日）

ローマの信徒への手紙　11章17節～24節

17 しかし、ある枝が折り取られ、野生のオリーブであるあなたが、その代わりに接ぎ木され、根から豊
かな養分を受けるようになったからといって、18 折り取られた枝に対して誇ってはなりません。誇ったと
ころで、あなたが根を支えているのではなく、根があなたを支えているのです。19 すると、あなたは、「枝
が折り取られたのは、わたしが接ぎ木されるためだった」と言うでしょう。20 そのとおりです。ユダヤ人
は、不信仰のために折り取られましたが、あなたは信仰によって立っています。思い上がってはなりません。
むしろ恐れなさい。21 神は、自然に生えた枝を容赦されなかったとすれば、恐らくあなたをも容赦されな
いでしょう。22 だから、神の慈しみと厳しさを考えなさい。倒れた者たちに対しては厳しさがあり、神の
慈しみにとどまるかぎり、あなたに対しては慈しみがあるのです。もしとどまらないなら、あなたも切り
取られるでしょう。23 彼らも、不信仰にとどまらないならば、接ぎ木されるでしょう。神は、彼らを再び
接ぎ木することがおできになるのです。24 もしあなたが、もともと野生であるオリーブの木から切り取ら
れ、元の性質に反して、栽培されているオリーブの木に接ぎ木されたとすれば、まして、元からこのオリー
ブの木に付いていた枝は、どれほどたやすく元の木に接ぎ木されることでしょう。

神の慈しみと厳しさ（詩編52編3節〜11節）

パウロは、異邦人教会であるローマの人々に向かって、「本来恵みを受けるように選ばれていたある枝（ユダヤ人）が折り取られ、その代わりに、野生のオリーブであるあなた（異邦人）が、〝十字架と復活のみに救いがある〟との信仰を受け入れたことによって接ぎ木された」（ロマ11・17参照）と説明します。ここでパウロは、「あなたがた」ではなく「あなた」と呼びかけます。救いの出来事は「他人事」ではなく、「私個人」のことなのです。

同時にパウロは、「自分たち異邦人が救われるために、不用な枝（ユダヤ人）が切り落とされた、と思い上がってはならない。折り取られた枝（すなわちユダヤ人）に対して誇ってはならない」との警告を発しています。ローマ教会は経済的にも豊かな大都会の教会であり、援助の対象であったユダヤ人のエルサレム教会に対して何がしかの優越感を持っていたのでしょう。「救いの恵みは、ただキリストを信じる信仰によって、神から一方的に与えられた賜物であり、自分の力で得たものではない」のです。

「キリスト者は信仰によって立つ」と言われますが、信仰は念力ではなく、信仰自体に力があるのではありません。信仰とは、神ご自身の力に全幅の信頼を寄せることであり、その結果、謙遜になることです。パウロは、その思い上がりが招く結果を「恐れよ」、そして、その結果によって明らかにされる「神の厳しさ」を「畏れよ」、と忠告します。「厳しさ」の原意は「切り口、断崖、絶壁」であり、一切の「あいまいさ」を許しません。その神の「（人間の罪に対する）厳しさ」が決定的に示されたのが十字架の出来事です。若し、この「厳しさ」が人間に向けられていたら、人間は滅ぼされていたでしょう。その「厳しさ」が、神の独り子イエス・キリストに向けられたからこそ、人間の救いが成就したのです。そしてパウロは、神の厳しさに引き続き、「神の慈しみ（親切、寛容、憐れみ）」を語ります。そこにも、「あいまいさ」はありません。その慈しみの対象は、「キリストに結ばれているか、否か」のみにかかっているのです。

詩編の詩人は、「神に背く者の破滅を預言し、神の慈しみに対する感謝を告白し、神のみ名を賛美しています」（詩編52）。この賛美には、ユダヤ人と異邦人と区別はありません。一度は捨てられても、まことの悔い改めをする者は救われます。逆に、折角接ぎ木された者でも、神に背けば直ちに捨てられてしまいます。十字架には、この神の厳しさと慈しみが同時に示されているのです。そして、十字架こそ、救いを確信することが出来る唯一の道なのです。

（２００９年12月27日）

ローマの信徒への手紙　11章25節～32節

[25]兄弟たち、自分を賢い者とうぬぼれないように、次のような秘められた計画をぜひ知ってもらいたい。すなわち、一部のイスラエル人がかたくなになったのは、異邦人全体が救いに達するまでであり、[26]こうして全イスラエルが救われるということです。次のように書いてあるとおりです。「救う方がシオンから来て、／ヤコブから不信心を遠ざける。[27]これこそ、わたしが、彼らの罪を取り除くときに、／彼らと結ぶわたしの契約である。」[28]福音について言えば、イスラエル人は、あなたがたのために神に敵対していますが、神の選びについて言えば、先祖たちのお陰で神に愛されています。[29]神の賜物と招きとは取り消されないものなのです。[30]あなたがたは、かつては神に不従順でしたが、今は彼らの不従順によって憐れみを受けています。[31]それと同じように、彼らも、今はあなたがたが受けた憐れみによって不従順になっていますが、それは、彼ら自身も今憐れみを受けるためなのです。[32]神はすべての人を不従順の状態に閉じ込められましたが、それは、すべての人を憐れむためだったのです。

神の秘められた計画（イザヤ書59章15b節～21節）

パウロは、「次のような秘められた計画」を「知らないでいてもらいたくない」（口語訳）と力を込めて語ります（ロマ11・25）。「秘められた計画」と訳されているギリシャ語は、英語のミステリーの語源となった「ミュステリオン」であり、新共同訳では「神秘、秘密、秘められた計画」と様々に訳されていますが、口語訳では「奥義」で統一していた言葉です。このキリスト者のみに与えられた特権である「奥義」に与かることは、ある独特な神秘的体験であり、これこそが、人間の目には明らかではないが確実に進められている「神の救いのみ業」なのです。この「奥義」を知れば、「ユダヤ人は主イエス・キリストを分かっていない。自分たち異邦人は、ユダヤ人より賢い」と、うぬぼれることなど出来なくなるのです。

主イエスを十字架につけたのは確かにユダヤ人でしたが、決してユダヤ人全体ではなく、ごく一部の者が背いたのです。その十字架の出来事によって、「異邦人が満ちた（ロマ11・25の直訳）のであり、その結果、全イスラエルが救われる」とパウロは語ります。「全イスラエル」とは、「量」ではなく「質」の問題です。救われる者は、単純に民族に属しているからではなく、「本来救われるべく選ばれたイスラエルの民」です。すなわち、「一部のユダヤ人」が十字架の出来事の為に用いられ、その結果、「神のご計画に従って異邦人が救われ」、またその結果、「本来選ばれたユダヤ人が救われる」、このことが人間の目には明らかにされていない「神のミュステリオン」なのです。

旧約の預言者イザヤは、「主は贖う者として、シオンに来られる。ヤコブ（イスラエル）のうちの罪を悔い改める者のもとに来ると主は言われる」（イザヤ書59・20）と預言しています。パウロはこの「シオン」を「天のエルサレム＝神のもと」と読み取り、「救い主はシオンから来られる」と言い換えました。パウロのこの洞察は、黙示録の「新しい天と新しい地」（黙示21・1〜）に繋がり、終末論へと向っていきます。「ヤコブから不信心を遠ざける」（ロマ11・26）とは「悔い改め」であり、主イエスご自身が「執り成しの祈り」（ルカ23・34）を献げてくださいました。神の賜物と招きは決して無効になったのではなく、今、まさに、十字架によって成就したのです。

ユダヤ人が、今不従順なのは、神の憐れみによるものであり、不従順なときに既に今、憐れみによって約束が果たされ続けているのです。不従順な「今」はこの世の現状です。憐れみを受ける「今」は終末論的な（確実な）希望です。パウロが強調していることは、「ユダヤ人も異邦人も、全ての者が不従順を通して救いに入れられる」との神のミュステリオンです。ここまで語られると、「異邦人である私自身が、主イエスを十字架につけた張本人である。〝わたしは、その罪人のかしらなのである〟」（Iテモテ1・15、口語訳）との切実な悔い改めが引き起こされます。神の秘められた計画である「救いの出来事」は、まことの「悔い改め」によってのみ鮮やかに見えてくるのです。

（２０１０年1月3日）

ローマの信徒への手紙　11章33節～36節

33 ああ、神の富と知恵と知識のなんと深いことか。だれが、神の定めを究め尽くし、神の道を理解し尽
くせよう。

34「いったいだれが主の心を知っていたであろうか。だれが主の相談相手であっただろうか。

35だれがまず主に与えて、／その報いを受けるであろうか。」

36すべてのものは、神から出て、神によっ
て保たれ、神に向かっているのです。栄光が神に永遠にありますように、アーメン。

栄光が神に永遠に（イザヤ書40章12節～14節）

キリスト教教理（救いのみ業）を語り続けてきたパウロは、万感の思いを込めて「ああ、神の富と知恵と知恵のなんと深い（原意：豊かさ）ことか」（ロマ11・33）との賛美の叫び声を上げます。「神の富の深さ（πλοῦτος）」とは、「神の栄光の豊かさ」（ロマ9・23参照）と同意義であり、「神が神であられること」に他なりません。神は、私たちを「憐れみの器」として召され、憐れみの

中に憐れみとしてご自身を顕示されました。「神の豊かな憐れみである慈愛、寛容、忍耐は、私たちを悔い改めに導くこと」（ロマ2・4参照）であり、そこには、ユダヤ人と異邦人の区別は全く存在しないのです。すなわち、私たちは決して思い上がってはならないのです。

「神の知恵の深さ」とは、「十字架と復活の出来事」に集約して示された「神の秘められたご計画、奥義」であり、私たちが思い浮べることも出来なかった出来事です。

「神の知識の深さ」とは、「神が私のことを、私よりも良く知っていてくださる」ことを意味しています。この世の私たちは、隣人の祈りによって慰められることを知っています。ましてや、「神が知っていてくださる」（ガラテヤ4・9参照）ことに勝る慰めは他にあり得ないのです。

神の救いのご計画は、今、確実に進められています。この神のみ前に立つ私たちは、「ただ黙する」以外に術がありません。「神を認識するとは、……神自身の前に礼拝し立ち止まることです。繰返して、神の富とその可能性とその生命とその栄光の隠された深みの前に立ちどまること」（バルト）なのです。

ここまで、語り得ることを語り続けてきたパウロは、ここで思考を停止し、喜びと感謝をもって（旧約）聖書に思いを馳せます。私たち人間には、「主の心を知ることは出来ません（イザヤ書40・13参照）。ただ、沈黙する以外にない」のです。私たちは、「善行によって救われるのではありません。神は、私たちから何かを受け取る方ではありません。神は、ご自身の一方的な憐れみによって私たちを救ってくださるのです」（ロマ11・35＆ヨブ記35・7「あなたが正しくあってもそれで神に何かを与えることになり神があなたの手から何かを受け取ることになるだろうか。」参照）。

最後にパウロは、「全てのものは神から出ている（時間も被造物である・アウグスティヌス）。神が創造者である。神が、全ての被造物を導き続け、最後に神のもとに回復してくださる。これが神のご計画であり、このことがキリストの出来事で確立された」との信仰を告白します。「神に、栄光が、永遠に！」（ロマ11・36直訳）がキリスト者の最後の言葉であり、賛美であり、頌栄です。私たちは、この言葉を献げることが出来るように造りかえられています。ここに真実（アーメン）があり、ここにキリスト者の思いが込められています。

（２０１０年1月24日）

ローマの信徒への手紙　12章1節～2節

「こういうわけで、兄弟たち、神の憐れみによってあなたがたに勧めます。自分の体を神に喜ばれる聖なる生けるいけにえとして献げなさい。これこそ、あなたがたのなすべき礼拝です。2 あなたがたはこの世に倣ってはなりません。むしろ、心を新たにして自分を変えていただき、何が神の御心であるか、何が善いことで、神に喜ばれ、また完全なことであるかをわきまえるようになりなさい。

（1）神の憐れみによる勧め（イザヤ書44章1節～5節）

パウロがここまで懇切に説明してきた神のみ業は、「万人の聖句」であり、万人に対する福音の本質を示している「ヨハネ福音書3章16節（神は、その独り子をお与えになったほどに、世を愛された。独り子を信じる者が一人も滅びないで、永遠の命を得るためである。）」に集約していると言えるでしょう。この聖句は、神の「キリストに対する証言」であると同時に、「キリストご自身がご自身を語った言葉」です。すなわち、「真の救い」は神が十字架と復活の出来事によって私たちに一方的な恵みとして与えてくださったのです。

　このように、「救い」はただ信仰によってのみ与えられることを強調して来たパウロは、12章以下で、この「神のみ業」によって救われた者の倫理的な生き方を語り始めます。救われたキリスト者のこの世での生活は、他の人々と具体的には一見変わるところがありませんが、その中でキリスト者は如何に生きるかが問われるのです。

　キリスト者の共通の肩書きは「神の憐れみを受けた者」であり、如何に現実の状況が厳しくても、キリスト者は「主イエス・キリストによって示された神の愛から決して引き離されません」（ロマ8・39参照）。旧約の預言者イザヤは、「わたしの選んだエシュルン（＝理想的な姿の者）よ、恐れるな」（イザヤ書44・2）と語っています。そのキリスト者に対してパウロは、「兄弟たち」（ロマ12・1）と呼びかけます。「兄弟」とは、「神が前もって知っておられ、神の家（御子が長子）の家族とされた者」（ロマ8・29、エフェソ2・19参照）であり、言い換えれば、礼拝共同体のことを示唆しています。また、12章1節で使われている「憐れみ」はοἰκτιρμοςであり、「慈愛」（Ⅱコリント1・3参照）を意味し、神のあらゆる「配慮、眼差」を含んでいます（ロマ11・31の「憐れみ」はἔλεος：赦し、助けの意）。

　パウロは、この神の憐れみによって兄弟たちに「倫理的な生活」を「勧める」のです。「勧める：παρακαλέω」とは、「傍に呼び、そして、語り、かつ、味方になる」ことを意味しています。ヨハネ14・26では「弁護者（助け主：口語訳）――聖霊」と訳している言葉です。すなわちパウロは、キリスト者の在るべき生活を強制しているのではなく、「神の慈愛によって慰めている」のです。

パウロが説き始める勧め（慰め）は、「自己中心的な思いを捨て去り、悔い改めて自分自身を神に献げる」歩みです。神に用いられていることを喜ぶ生活、これこそがキリスト者の慰めです。

（２０１０年1月31日）

（2）なすべき礼拝（レビ記16章32節～34節）

パウロは、キリスト者の為すべきことの基本は「自分の体を聖なるいけにえとして神に献げることである」と勧めます。「体」とは、「人間存在そのもの」であり、「生き方、すなわち、生活そのもの」を示唆しています。また、「いけにえ」は「祭司の重要な職務である罪の贖いの儀式」（レビ記16・32～参照）を連想する衝撃的な言葉です。パウロは、この言葉を用いることにより、「ご自身の血をもって永遠の贖いのみ業を成就された」（ヘブライ9・12参照）主イエス・キリストの大いなる犠牲に思いを馳せています。すなわち、「自分の体をいけにえとして献げる」とは、「自己を空しくして主イエス・キリストに従う」ことを意味するのです。

「献げる」の原意は「傍らに置く」であり、「神に献げる」とは「神の傍らに自分の生活そのものを置く、すなわち、神に用いていただく（=聖なるもの、永遠の命に結ばれたもの）」ことであり、決して「自分の生活を犠牲にする」ことではありません。勿論、神に用いられる時には、自分の願いが斥けられることもあるでしょう。しかしそれは、自分がより有益なことに用いられることを示唆しており、そこに私たちの「慰め、力」が与えられるのです。また、「為すべき」の原意は「ロゴス（神の言葉）に適った」であり、主イエス・キリストの出来事（十字架と復活）に密接に結びついています。すなわちキリスト者は、「救われたことに対する感謝があれば、特別に身構えることなく、ごく自然に神に自分を献げることが出来る」のです。

パウロは、「これこそ、あなたがたのなすべき礼拝です」（ロマ12・1）と勧めます。すなわち、キリスト者は日々の生活全てを神に献げる（申命記6・4参照）ことを求められています。老いが迫り、あるいは病の床に伏して、「祈ることしか出来なくなる」（ヘルマン・ホイヴェルス Hermann Heuvers, 1890-1977）時も来るでしょう。否、その祈りさえ出来ない状態になることもあり得ます。その時でも、キリスト者の根底にあるものは「わたしが、身も魂も、生きている時も、死ぬ時も、わたしのものではなく、わたしの真実なる救い主イエス・キリストのものである」（ハイデルベルク信仰問答・問1）との信仰告白です。

キリスト者とは、既に身も心も神に明け渡して生きている者のことです。しかもパウロは、「あなたがたのなすべき礼拝」と説き、「一人ひとりの日々の歩みが、信仰共同体としての教会の歩みとなっている」ことを強調しています。「神は、み子の血によって教会を御自分のものとなさった」（使徒20・28参照）のですから、教会の群れを離れては信仰者の個人はありません。したがって、キリスト者は孤独になることはないのです。主の日の礼拝は、教会に集められた一人ひとりがその日々の歩みを持ち寄ることによって成り立っているのです。

（2010年2月7日）

（3）心を新たにし（エゼキエル書36章25節〜32節）

パウロは、「自分の体を神に喜ばれる聖なるいけにえとして献げなさい。これこそあなたがたのなすべき礼拝です」（ロマ12・1）と勧めた後、「そしてまた（καὶ：新共同訳では省略）、この世に倣ってはなりません」（ロマ12・2）と、前節に続けて、強い口調で諌めています。「倣う：συσχηματίζεσθε、原形συσχηματίζω」とは、「σχῆμα（スケーマー＝図式、様相）に合わせて」、「共に：σύν」「形づくる：σχηματίζω」の合成語であり、「この世の有様：σχῆμα」（Iコリント7・31）「人間の姿：σχήματι」（フィリピ2・7）と語根を同じにする用語です。また、「この世（αἰών）」とは、「（人間が作り出す）時代（αἰών）」という意味であり、「悪の世＝αἰών」（ガラテヤ1・4）を示唆しています。すなわち、「この世に倣う」とは、「あの無力で頼りにならない諸霊（様々な偶像）の支配の下に逆戻りする」（ガラテヤ4・8〜参照）ことです。パウロは、「この世の人々の生き方に合わせて安心する私たちキリスト者の弱さ」を良く知っていました。

「一般にこの世の原則は、全ての人が被造物を求めることにあります。言い換えれば、享楽、所有、成功、知識、力、義を求めたがるのです」（バルト）。

しかし、キリストに結ばれた私たちは、既に「この世」からは自由になっている筈です。したがってパウロは、より積極的に「心を新たにして」「自分を変えていただきなさい（μεταμορφοῶ）」と勧めます。（直訳：しかし、変えられよ〈受動態・命令形〉、心の改新によって）「μεταμορφοῶ」とは、外観と共に「内的主体、一番深いところにある本音」を変えていただくことを意味しています。私たちの日常の生活においては、信仰生活の中にまで「本音」と「建前」の使い分けが入り込んできてしまいがちですが、パウロは、この危険性を鋭く指摘しているのです。現代に生かされている私たちキリスト者にとっては、「具体的な日々の生活と主の日の礼拝の生活との一致が求められている」と言えるでしょう。

「心を新たにして」と訳されている「心」には、「πνεύματι :spirit」（マタイ5・3）とも「καρδία :heart」（マタイ5・8）とも異なる「νοός :reason:理性」という言葉が用いられています。すなわち、キリスト者は「責任を持って判断する心、実践理性」が求められているのです。「自分を変えていただく（受動態）」ことの主体はあくまで主なる神です。当然のことながら、「心を新たにする」ことも、聖霊なる神のみ業による以外に術はありません。しかし同時に、「変えていただく」ためには、私たち人間側の主体的な備え（実践理性、心を新たにする）も要求されているのです。

「人間を神に似せて造り、その人間に命の息を吹き込まれた」父なる神の創造のみ業は、アダムの堕罪によって一旦は断ち切られましたが、神は今も尚、再創造のみ業を進められておられます。このことに関して旧約の預言者エゼキエルは、「新しい心と新しい霊が与えられる。（頑なな）石の心は取り除かれ、（柔軟な）肉の心が与えられる」（エゼキエル書36・25〜参照）ことを預言しています。その再創造のみ業の目的は、私たち人間が「何が善いことで、神に喜ばれ、また完全であるかを（聖霊によって）わきまえるようになる」（ロマ12・2）ことです。「完全：τέλειον」の原意は、「目的達成、成就」です。また、「わきまえる（δοκιμάζειν）」の原意は、「試験して純度を確かめる」ことであり、当然そこには苦難・労苦が伴います。

「完全をわきまえる」には、「キリストの出来事」に目を向ける以外に道がありません。何故ならば、神のみ旨は「十字架と復活」に余すことなく示されているからです。パウロは、「十字架の言葉は、滅んでいく者にとっては愚かなものですが、わたくしたち救われる者には神の力です」（Ⅰコリント1・18）と教えています。ここに、キリスト者の主体的選択があります。この十字架と復活の道を選び、福音によって不断に、かつ、繰返し新たにされることが、キリスト者の喜ばしい生き方なのです。

（2010年2月21日）

ローマの信徒への手紙　12章3節〜8節

3わたしに与えられた恵みによって、あなたがた一人一人に言います。自分を過大に評価してはなりません。むしろ、神が各自に分け与えてくださった信仰の度合いに応じて慎み深く評価すべきです。4というのは、わたしたちの一つの体は多くの部分から成り立っていても、すべての部分が同じ働きをしていないように、5わたしたちも数は多いが、キリストに結ばれて一つの体を形づくっており、各自は互いに部分なのです。6わたしたちは、与えられた恵みによって、それぞれ異なった賜物を持っていますから、預言の賜物を受けていれば、信仰に応じて預言し、7奉仕の賜物を受けていれば、奉仕に専念しなさい。また、教える人は教えに、8勧める人は勧めに精を出しなさい。施しをする人は惜しまず施し、指導する人は熱心に指導し、慈善を行う人は快く行いなさい。

（1）己を知る（箴言15章28節〜33節）

「（キリスト者の）なすべき礼拝の在りかた」を「（神の）憐れみによって（=慰め）」語り始めたパ

ウロは、続けて「(神の)恵みによって」具体的な心得を教えます。「キリストの出来事(十字架と復活)」にその原点がある「神の恵み」は、当然のことながら教会全体を覆い包んでいます。初代教会の伝道の言葉が「主はよみがえられた」であったことからも分かるように、教会は「この出来事によって、生きる喜びと希望が与えられた」ことを知っている群れなのです。したがってパウロは、「あなたがた（=教会）の中にいる一人一人に言います」（ロマ12・3直訳）と述べ、個々人は信仰共同体である教会に属する者であり、そこに招かれた者は誰一人洩れなく救われることを強調しています。

同時にパウロは、「わたしに与えられた恵み」（ロマ12・3）を強調しています。教会は、一つの群れですが、あくまで個人が集まって形成されています。個人は群れの中に埋没するのではありません。一人ひとりの信仰は不安定ですが、その一人ひとりが恵みによって生かされています。「キリストの復活は私どもひとりひとりに与えられた命の泉です」（加藤常昭）。教会には多様性があります。その違いを尊重しながらも同じ福音に結ばれているのです（パウロに与えられた神の恵みは、異邦人伝道者としての召命です。ロマ15・14〜16、Ｉコリント9・1〜、15・3〜参照）。

パウロの教えの第一は、「自分を過大（当然過小も含む）に評価してはならない（口語訳：思うべき限度を超えて思いあがることなく）。各自に与えられた信仰の度合い（メトロン：メーターの語源）

に応じて、慎み深く評価する（直訳：思えるまで思う）こと」です。人間の「思い（原文では4回用いられている）」は、放置しておくと勝手な方向に向かって行ってしまいます。私たちキリスト者は、教会に与えられている「福音」という共通の度合い（メトロン）に従い、健康の心・まことの謙遜（箴15・28〜参照）を身に付けて与えられた奉仕の業に務めることが求められています。

個々人に与えられた信仰は、静的なものではなく、常に前進する躍動的なものです。私たちの「内なる人」は日々新たにされていきます（Ⅱコリント4・16）。言い換えれば、信仰には段階（＝聖化の歩み）があるのです。キリスト者は、霊によって日々新たにされている「己を知る」途上の歩みを続けているのです。

（2010年2月28日）

（2）一つの体の部分として（詩編40編8節〜12節）

パウロは、「（キリスト者は）自分を慎み深く（σωφρονέω）評価しなさい」（ロマ12・3）と勧めます。「σωφρονέω」とは、「正気になる」（マルコ5・15）とも訳すことが出来る用語であり、「健全な、健康な心」を意味します。この勧めは、「世に向うキリスト者のあるべき姿」を示唆すると同時に、何よりも先ず、「一つの体なる教会に連なる者として生きる」ことがキリスト者の健全な姿であることを教えています。「世に仕えること」も「個人の倫理・道徳」も、その全ての源は「教会生活」にあります。「明らかなことは、聖書は信仰者の実際の生活を教会から切り離しては考えていない。そうでなければ思い上がることになる」のです。旧約の詩人（詩編40・8～10）は、「わたしのことは巻物に記されている」と確信し、「大いなる集会（カーハール：呼び集められている）で神のみ言葉を語り続けている」と詠っています。この「カーハール」が新約の「エクレシア」であり、キリスト者はこれを具体的に「教会、礼拝」と理解しています。すなわち、「教会に呼び集められた者の群れ」が、礼拝で信仰を告白し、そこから、神の真実と神の救いを宣べ伝えるためにこの世に遣わされていくのです。

私たちは、「キリストに結ばれて（ἐν）一つの体を形づくっています」（ロマ12・5）。「ἐν」とは、「（キリスト）にあって」（口語訳）とも訳され、「（キリストによって）救われている」、「（キリストが）共にいてくださる」、「（キリストが）必要な助けを与えてくださる」ことを意味し、さらには、「主の晩餐に与かる」ことを示唆しています。この意味で、教会は「聖餐共同体」であり、私たちキリスト者は聖餐に与かる度に、主イエス・キリストに堅く結ばれていることを実感するのです。「ἐν」には、「キリスト者の在り方」「恵みの大きさ」がかかっています。キリスト教信仰は、個々人の信仰が決して個々に留まるのではなく、「一つの体」を形成します。ましてや、無教会信仰（聖書研究会）ではあり得ません。

教会は、その構成員である一人ひとりが神から与えられた賜物を献げることで成り立っています。神は夫々に異なった賜物をお与えになっていますが、そのすべては共通の目的に向っているのです（Ⅰコリント12・12〜参照）。所謂「教会の高齢化」も、神の恵みが現われた出来事でしょう。「白髪は輝く冠」（箴言16・31）であり、「白髪は老人の尊厳」（箴言20・29）です。

年老いても、私たちが為す「最上の業は、祈りであり、すべてを成し遂げて神の声〝来よ、わが友よ、われ汝を見捨てじ〟を聞くことです」（ヘルマン・ホイヴェルス）。

「教会を批判し、非難することは難しいことではありません」（加藤常昭）が、キリスト者は自分が教会の部分であることを知り、そのところに徹し、共に救いに与かっている群れの一人として、謙虚に責任を持って教会を立てていくことが求められています。

（２０１０年3月7日）

（3）賜物を生かす（詩編28編28節〜32節）

パウロは、「教会を形づくっている各自は夫々に異なった賜物を与えられているのであるから、賜物に応じた働きをしなさい」と勧めます。

預言の賜物：預言（神からの言葉の委託）の賜物を受けている者は、「信仰に応じて語る」ことを求められます。「応じて」と訳されているギリシャ語はロマ12・6のみに用いられている独特な用語であり、その原意は「一致して（or 正しい関係、程度において）」です。すなわち、預言とは「主キリストの言葉と一致して語ること」であり、「説教」を示唆していると言えます。私たちは、「使徒（十二弟子とパウロ＝第一世代）と預言者という土台の上に建てられている」（エフェソ2・20）のであり、使徒に続いて「キリストの出来事＝福音＝救い」を語り続ける「説教」をもとにして礼拝を献げているのです。教会の土台である「ペトロの岩」（マタイ16・18）とは、まさに「あなたはメシア、生ける神の子です」との信仰告白に他なりません。また説教者とは、牧師だけではなく、長老、教会学校教師、福音に結ばれて福音を語る者を含む広い概念でしょう。

奉仕の賜物：奉仕の賜物を受けるとは、「み言葉に仕える奉仕」から「食事の世話をする奉仕」に至る（使徒6・1〜）、教会のすべての分野にわたる概念です。主イエスご自身が、「仕えられるためではなく仕えるために」（マタイ20・28）この世に来られたのです。旧約の詩人は「全ての者が神の主権の前にひれ伏し、神の恵みを語り伝える時が来る」（詩編22・28〜32）ことを預言しています。「語り伝え」とは「仕える」ことであり、このことが教会の真の姿です。

教える人：教える内容は「信条：信仰告白」ですから、「教える人」の範囲はやや狭く限定せざるを得ないでしょう。

勧める人：「勧める」とは、ロマ12・3で既に見たように「慰め、励まし」を意味しています。フランシスコ会訳聖書は、「励ます人は励まし」と訳しています。

施しをする人：「惜しまず施しなさい」の「惜しまず」の原意は「単純に」です。すなわち、「施し」とは特別な行為ではありません。多くても少なくても、互いに持ち物を持ち合って分け合うことが求められているのです。

指導する人：原意は「前に坐る者」であり、後から来る者に配慮することが求められています。

慈善を行う人：「慈善を行う」とは「憐れに思う」ことであり、「病人を助けた（憐れに思った）良きサマリア人」（ルカ10・37）の行為です。

要約すると、パウロの勧めは「福音を語ること」と「愛に生きること」の二点に絞られ、この行為を可能とするのが「恵みの賜物」なのです。私たちは、夫々に与えられている賜物を「慎み深く評価し」（ロマ12・3）、賜物を生かして歩むことを求められています。

（2010年3月21日）

ローマの信徒への手紙　12章9節～21節

9愛には偽りがあってはなりません。悪を憎み、善から離れず、10兄弟愛をもって互いに愛し、尊敬をもっ
て互いに相手を優れた者と思いなさい。11怠らず励み、霊に燃えて、主に仕えなさい。12希望をもって喜
び、苦難を耐え忍び、たゆまず祈りなさい。13聖なる者たちの貧しさを自分のものとして彼らを助け、旅
人をもてなすよう努めなさい。14あなたがたを迫害する者のために祝福を祈りなさい。祝福を祈るのであっ
て、呪ってはなりません。15喜ぶ人と共に喜び、泣く人と共に泣きなさい。16互いに思いを一つにし、高
ぶらず、身分の低い人々と交わりなさい。自分を賢い者とうぬぼれてはなりません。17だれに対しても悪
に悪を返さず、すべての人の前で善を行うように心がけなさい。18できれば、せめてあなたがたは、すべ
ての人と平和に暮らしなさい。19愛する人たち、自分で復讐せず、神の怒りに任せなさい。『復讐はわた
しのすること、わたしが報復する』と主は言われる」と書いてあります。20「あなたの敵が飢えていたら
食べさせ、渇いていたら飲ませよ。そうすれば、燃える炭火を彼の頭に積むことになる。」21悪に負ける
ことなく、善をもって悪に勝ちなさい。

(1) 偽りの愛 (アモス書5章11節〜15節)

「愛には偽りがあってはならない」(ロマ12・9)。これまでパウロは、「神の愛」については若干触れてきましたが、ここで「キリスト者(人間)の愛」の在り方を語り始めます。「偽り」の原意は「(演劇で)ある人物を演じること」です。私たちは、偽善(愛において芝居をする)に陥り易いのです。「人間は、それが本当でなくても、人を愛していないような顔をすることが出来ません」、「この偽りは、他人を欺くだけではなく、自分をも欺く」(カルヴァン)ことになります。

しかしパウロは、このような人間の弱さを指摘して、これを糾弾しているのではなく、「キリスト者は、このような状態から解放され、キリストに結ばれて一つの体を形づくっている」(ロマ12・5)。キリスト者の愛は偽らない、悪を憎む(恐れて逃げる)。悪に興味を持たず、近づかない。逆に、善(ロマ12・2参照)から離れない(糊で貼り付けられる)。神の眼差しを実感し、神に喜んでいただける生活をする」というのです。勿論、「キリスト者は一切過ちを犯さない」のではありません。キリスト者が他の者と異なる点は、「善から引き離されそうになると、激しい痛みを感じる」ことです。キリスト者は、善に鈍感ではなく、悔い改めの心を起こされて神のもとへ引き戻されます。

「悔い改め」が礼拝における感謝と賛美の根底であり、私たちは礼拝において「赦しの確信」を与えられてこの世に遣わされていくのです。旧約の預言者アモス（5・14、15）は、「悪を憎み、善を求める者を、神は憐れんでくださる」と預言しています。パウロは、この預言の成就を語っているのです。

続けてパウロは、「兄弟愛（フィラデルフィア）」の大切さを強調します。「互いに相手を勝れた者と思うこと、すなわち、異なった賜物を尊重する」（ロマ12・6）ことは、何よりも教会形成を示唆しています。

「怠らず励み、霊に燃えて、主に仕える」の中心は、「主に仕える（サーヴ）」ことであり、「キリスト者の目標は〝礼拝＝サーヴィス〟にある」ことを示しています。私たちは、「互いに足を洗い合い（ヨハネ13・14参照）、霊に燃えて（ルカ24・32参照）み言葉に触れ」、礼拝から礼拝への歩みを続けています。この積み重ねが「聖化」の歩みです。

また、「希望をもって喜び、苦難を耐え忍び、たゆまず祈る」ことが求められます。「苦難はあくまで苦難」ですが、キリスト者には何時も「希望」が与えられているので「祈る」ことが出来ます。「祈りは魂の呼吸」であり、「（十字架と復活を備えてくださった）神との不断の対話」です。

また、「キリストのものとされた一人ひとり（＝聖なる者）を個別に助け合い（＝貧しさを共有）」、「旅人をもてなす（＝見知らず人への愛の実践）」ことが勧められています。これは、まさに教会の業に繋がります。聖霊の助けにより、聖霊に導かれ、主に用いられる歩みを続けて参りたいと祈ります。

（２０１０年４月18日）

（２）祝福を祈る（詩編67編1節～8節）

パウロは、愛に関する様々な勧め（愛の十戒）をした上で、「迫害者の為に祝福を祈れ」と命じます。このパウロの勧告は、主イエスの「敵を愛しなさい」（マタイ5・44、ルカ6・27）との教えと同時に、彼自身のダマスコにおける劇的な回心の経験に基づいています。主イエスは「迫害者」であったパウロに対し、呪いをもって応じるのではなく祝福をもって祈ってくださいました。この出来事によって彼は、「神の救いの恵みは全ての者に用意されている（迫害者にも悔い改めの機会が与えられる）」ことを知ったのです。

「祝福を祈れ」の原文は「祝福せよ（口語訳）」です。「祝福」は厳密には人間には与えられていない権能故に、新共同訳は「祝福を祈れ」と意訳したと思われます。詩編の詩人は、「神がわたしたちを祝福してくださいますように」（詩編67・7、8）と祈っています。「祝福」は、「神からのみ来るもの」であると同時に、その「祝福が自分たちにのみ留まることなく、全ての民に及ぶように」と祈ることが大切です。この生き方は、「救いを知った」が故に可能となる極めて特別なことです。信仰者にとっての最大の危険は、福音が特別なことではなくなることである」と言われます。信仰生活は、決して肩肘の張ったことではありませんが、この世の者の歩みとは断じて同じではありません。私たちの「心のゆとり、平安、安らぎ」の源は信仰にあり、この余裕から、私たちは「迫害者のために祈る」ことが可能となるのです。勿論、この世の歩みの中には様々な葛藤があることは事実ですが、私たちが問われていることは「どこまで深く主イエスに結び付いているか」であり、「祈り」にその度合いが如実に現れてきます。

さらにパウロは、「喜ぶ人と共に喜び、泣く人と共に泣きなさい」と勧めます。これは、自分には一番して欲しいことですが、隣人には容易には出来ないことです。しかしパウロは、「互いに思いを一つにすれば可能である」と説いています。「思いを一つにする」とは「キリストに結ばれること」（フィリピ2・1、2）に他なりません。キリストを深く思えば、私たちは高ぶらなくなります。主イエスご自身の「謙卑」（フィリピ2・7）によって表わされた恵みの大きさは、同時に、人間の低さを示唆しているのです。

キリスト者は、主イエスに結ばれることによって思いを一つにし、低くされて全ての人の為に祈ることの出来る歩みへと導かれて行くのです。

（２０１０年４月25日）

（3）すべての人と平和に（イザヤ書32章15節〜20節）

「悪に悪を返さず」（ロマ12・17）との勧め（Ⅰペトロ3・9参照）は、主イエスの山上の説教に基づく初代教会のカテキズムの一部だったのではないかと思われます。さらにパウロは、「全ての人の前で善を行なうように心がけなさい」と、もう一歩積極的な勧めをしています。

「悪に悪」は醜いことであり、「戦い、争い」を惹起します。「戦争は、自分が神のようになりたいと思う（＝本性の願望）人間の自然的行為です」が、そこには明らかな錯覚（＝神にはなり得ない）があります。これに対し、「善」とは「品の良さ、美しさ」を意味し、それは神のみ心に副う行いを為す時に生じます。パウロは、「神に喜ばれる生き方を目指すのがキリスト者である」というのです。

ここでパウロは、「心がけなさい」と勧めています。「心がける」と訳されているギリシャ語の原意は、「前もって、考える」であり、「全てに先立つことは、前もって神の助けを祈り求める」ことです。

さらに言い換えれば、「全ての人に善を行なう」ことは「全ての人と平和に暮らす」（ロマ12・18）ことになります。パウロは、各地への手紙でも最後に何度も「平和に過ごしなさい」（Ⅱコリント13・11、Ⅰテサロニケ5・13）と祈っています。人間の自然の思いは「争い」ですが、信仰者には「平和を願い、祈る」ことが出来る賜物が与えられているのです。

パウロは、「私たちが隣人と平和に暮らすことが如何に難しいか」を良く承知しており、言葉を選んで慎重に「出来れば」（ロマ12・18）と付け加えています。しかしイザヤ書は、「正義（＝神の義）が造り出すものは平和である」（イザヤ書32・17）と預言しています。究極の平和は神との平和であり、「神は、キリストを通してわたしたちを御自分と和解させてくださいました」（Ⅱコリント5・18）。イザヤ書預言は、既に成就し、キリスト者には、神の助けが既に与えられているのです。したがってキリスト者は、「全ての人と平和に暮らす」ことが可能となっています。

私たち信仰者は、この喜ばしい福音を教会だけで独占することなく、まだキリストを知らない人々に宣べ伝えて行くこと求められています。

（２０１０年5月2日）

（4）復讐からの解放（申命記32章35節）

12章19節でパウロは、ローマ教会の人々に対して改めて、「愛する人たちよ！」と呼びかけます（原文：自分で復讐するな、愛されている人たちよ：アガペトイ）。これまでもパウロは新たな思いを伝える時に、「兄弟たちよ！」と呼びかけたことがありますが、「アガペトイ」はここだけに使われている特別な言葉であり、ローマ教会の人々を心から愛するパウロの特別な思いが伝わってきます。また、「愛されている」との（原文の）受動態の表現には、「神に愛されている人たち」とのニュアンスが含まれています。この箇所を、「神の愛に浴している人たちよ」と訳した神学者もいます。

パウロは続けて、「復讐をするな。神の怒りに任せよ」と勧めています。一般に「復讐」には、法規上許される行為や、個人的な理由による感情的な報復（幼稚で論外な行為も含む）もあるでしょう。しかし、ここで使われている「復讐する」という単語は、「罰する」（Ⅱコリント10・6）とも「裁く」（ルカ18・3、5）とも訳されることからも分かるように、「自分が正しいことを前提に、他人を裁くかのような復讐行為」を意味します。また、「神の怒り」と訳されているギリシャ語の直訳は「the wrath」であり、これは「怒り」そのものを表現しています。人間が義憤的な怒りを持つことは当然あり得ますが、その怒りは、自分が正しいことを前提にした独善的な怒りになる危険性があります。パウロは、「人間には、(自分を神とする)裁きを伴う〝怒り〟を持つ資格は与えられていない。〝怒り〟は神のみの業である」というのです。

人間の為す「悪」は、人間の「罪」の現実的な現れです。私たちは、その「悪」に対して「悲しみを覚える」ことが必然であり、パリサイ（分離）的に自分の罪を棚上げにして隣人を裁くことは許されていません。しかし私たちは、この人間的な裁きの故に、世界史的にも個人史的にも、様々な数知れない悲劇を引き起こしてきました。復讐（裁き、罰する）の場所は、神に明け渡さなければならないのです（ある説教者は、〝十字架の出来事は、〈自分を正しいとする〉人間の究極的な怒りの表現〟（マタイ26・1～）と解説している。祭司長たちは、自分たちが正しいと信じ、自分たちの立場が侵されたことに対する復讐として十字架の出来事を引き起こした。〝十字架を見上げる〟とは、〝自分の罪の写しを見る〟ことに他ならない。）。

旧約聖書（申命記32・35）は、「わたしが報復し、報いをする（LXX:復讐の日、わたしは報復する）。彼ら（＝異教の神々に仕える者たちは滅びる）の災いの日は近い」と預言しています。この預言は十字架に重なります。十字架には〝人間の怒り〟が写し出され、かつ、そのところに、神の裁きが成就したのです。神の怒りは、本来は人間が受けなければならないものでした。しかし、その正当な権利を持つ神が、その裁きを主イエス・キリストに下し、逆に人間の罪を赦してくださいました（ロマ2・1〜8参照）。神のみ心は、〝怒り〟ではなく、〝悔い改めへの招き〟です。十字架を前提に、〝求めるものには永遠の命〟を与えてくださる（ロマ2・7）のです。

十字架の出来事によって、神はもはや復讐はなさらない、ことを約束してくださいました。同時に私たちは、人間の思い（復讐の心）から解放されて神の赦しのもとに置かれ、恵みのもとに生かされるように変えられました。私たちは、「憎む者が飢えていたらパンを、渇いていたら水を飲ませることが出来る」（箴言25・21）ようになり、その結果、「敵の頭に燃える炭火を積む」（ロマ12・20、箴言25・22）ことになります。「炭火を積む」とは、「仕返し」ではなく、「（苦しみを伴うが）真の悔い改め、救いへの招き」です。「善（み心に適うこと）をもって悪に勝ちなさい」（ロマ12・21）との勧めは、自分の救いであると同時に、多くの人々に対する恵みへの招きでもあるのです。

（２０１０年5月16日）

ローマの信徒への手紙　13章1節～7節

1人は皆、上に立つ権威に従うべきです。神に由来しない権威はなく、今ある権威はすべて神によって立
てられたものだからです。2従って、権威に逆らう者は、神の定めに背くことになり、背く者は自分の身
に裁きを招くでしょう。3実際、支配者は、善を行う者にはそうではないが、悪を行う者には恐ろしい存
在です。あなたは権威者を恐れないことを願っている。それなら、善を行いなさい。そうすれば、権威者
からほめられるでしょう。4権威者は、あなたに善を行わせるために、神に仕える者なのです。しかし、
もし悪を行えば、恐れなければなりません。権威者はいたずらに剣を帯びているのではなく、神に仕える
者として、悪を行う者に怒りをもって報いるのです。5だから、怒りを逃れるためだけでなく、良心のた
めにも、これに従うべきです。6あなたがたが貢を納めているのもそのためです。権威者は神に仕える者
であり、そのことに励んでいるのです。7すべての人々に対して自分の義務を果たしなさい。貢を納める
べき人には貢を納め、税を納めるべき人には税を納め、恐るべき人は恐れ、敬うべき人は敬いなさい。

良心に従って（ダニエル書2章17節〜23節）

「キリスト者は、神を礼拝することを第一にし（ロマ12・1、2）、善をもって悪に勝つ（ロマ12・21）、すなわち、まことの勝利を求めて歩め」と、キリスト者の在るべき姿を説き続けて来たパウロは、この倫理観を前提とした上で、「上に立つ権威に従え」（ロマ13・1）と勧めています。「上に立つ権威」とは、具体的には「支配者」（ロマ12・3）、「権威者」（ロマ12・4）、「納税先」（ロマ12・6、7）のことですから、この勧めは「対国家」に関する問題提起です。この世の秩序を保つためには権威（＝力）は必要不可欠であり、「上に立つ権威」とは一般的には「重い責任を負わされている者」を指すことになります。

パウロは、「その権威はすべて神によって立てられたのである（ロマ13・1）。神は摂理をもって私たちを導いてくださるのであるから、安心して権威に従え」と、権威の由来をおおらかに賛美し（ダニエル書2・17〜23参照）、「何とも明るい、楽観的な信仰」を語っています。しかし、ここでパウロは、「権威」を語っているのであって、決して「人間」を無条件で認めているのではありません。「権威は神からの委託」であることの自覚が脱落すると、権威は直ちに「権威主義」に陥り、「人間」が問われることになります。また、「権威（ἐξουσίαις）」が複数形で用いられていることも注目に値します。

すなわち「権威」は、「み旨に副う方向に向かっているか、否か。神が神として貫かれているか、否か」が問われます。「神が望まない権威」を行使する者は「自らが神となり」、その権威に従う者は「偶像崇拝者」となって「神の裁きの対象」となるのです。したがって、「権威者は、神に仕える者（直訳：神の僕）」にならなければなりません（13・4に2回強調されている）。パウロは、以上を前提にした上で、異教徒の中で生きていかなければならないローマ教会の信徒たちに、「国家（ローマを頂点とする支配層）」に従うこと、具体的には、国家が定める法を守ることを勧めているのです。時代背景としては、国家的な迫害はまだ起こっていなかったと思われます。

しかし私たちキリスト者は、このメッセージに聖書的洞察を加えることが求められます。すなわち、十字架は権威者が引き起こした出来事です。同時に神は、剣に頼って主を殺したその権威者をも赦してくださいました。十字架と復活の出来事を既に知らされている私たちは、「見張りと警告」の義務を担いつつ、「神の愛」を宣べ伝えていく任務を託されています。パウロは、このことを「良心のためにも、これに従うべきである」（ロマ13・5）と述べています。「（συνείδησις）（良心）」は、「共に」「見る」の合成語です。すなわち、事の真相を「神と共に見て」、「み旨に適うこと」に従え、と勧めているのです。また、ロマ13・6で「権威者」と訳されている「（λειτουργός、ロマ13・4と異なる）」が、「奉仕、礼拝、福音伝道者」を示唆することも考察に価します。「立つべきところ、判断の基準」は十字架であり、「み言葉」に従って日々の歩みを続けて参りたいと祈ります。

（2010年6月6日）

ローマの信徒への手紙　13章8節〜10節

8互いに愛し合うことのほかは、だれに対しても借りがあってはなりません。人を愛する者は、律法を全
うしているのです。9「姦淫するな、殺すな、盗むな、むさぼるな」、そのほかどんな掟があっても、「隣
人を自分のように愛しなさい」という言葉に要約されます。10愛は隣人に悪を行いません。だから、愛は
律法を全うするものです。

愛は律法を全うする（イザヤ書42章1節〜4節）

前節（ロマ13・7）でパウロは、「義務を果たせ、納税せよ」と勧めました。私たちは、自分より
も不幸な人のことを覚えるとき、あたかも「借り」をしているかのような「負い目」を感じ、そ
のことがボランティアや寄付、福祉事業に献身することの動機となることがあります。パウロは、
このことを「果たすべき責任」（ロマ1・14）と言い、さらに、その責任は「福音を宣べ伝えること」

（ロマ1・15）に繋がると言います。その根底にあるものは、「愛の業」、すなわち、「最も良きものを隣人に伝える」ことに他なりません。

さらにパウロは、「誰に対しても借りがあってはならない」（ロマ13・8）とした上で、「互いに愛し合うことは別である」（ロマ13・8）と言います。「互いに愛する」ことは主イエスが直接お教えになった新しい掟（ヨハネ13・34「あなたがたに新しい掟を与える。互いに愛し合いなさい。わたしが、あなたがたを愛したように、あなたがたも互いに愛し合いなさい。」、15・12「わたしがあなたがたを愛したように、互いに愛し合いなさい。これがわたしの掟である。」、13、17）です。この負債は、十字架で現されたキリストからの直接の一方通行の負債であり、決して完結せず、かつ、返済できる性質のものではありません。愛には終わりがないのです。

さらにパウロは、「人（原意：他人）を愛する者は律法を全うする（直訳：満たしている）」と言います（ロマ13・8）。十戒に示された律法は、当時６１２個条にまで膨れ上がっていました。しかしパウロは、「大切なことは、主イエスの教えである〝隣人を愛する〟ことである」と強調するのです。自分と異なったものを受け入れることは、人間に与えられた基本的な課題であると同時に、そのことは単なる人間の論理を超えて、神の愛を前提としたキリスト者の生き方を示唆しています。

富める青年（マタイ19・16〜）は、主イエスから「全てを捨てよ」と命令されて躓《つまず》いてしまいました。

また主イエスは、「友のために自分の命を捨てよ」（ヨハネ15・13）とも命じられました。この「命」は、生物的な「命：ビオス」ではなく、人間としての存在を保証する「命：プスケー」です。このような「財産」あるいは「プスケー」にしがみつくと隣人との愛を築くことが出来ないのです。すなわち、「律法を全うする愛」は、この世に頼ることなく、十字架を見上げることによってのみ可能となります。「愛は隣り人に害を加えることない」（ロマ13・10口語訳）のです。

この愛を全うされたのは預言者イザヤの預言（42・1～4「見よ、わたしの僕、わたしが支える者を。わたしが選び、喜び迎える者を。彼の上にわたしの霊は置かれ／彼は国々の裁きを導き出す。彼は叫ばず、呼ばわらず、声を巷に響かせない。傷ついた葦を折ることなく／暗くなってゆく灯心を消すことなく／裁きを導き出して、確かなものとする。暗くなることも、傷つき果てることもない／この地に裁きを置くときまでは。島々は彼の教えを待ち望む。」）の成就であられる主イエスのみでした。私たちは、「肉ではなく、霊に従って歩む」（ロマ8・4）ことを求められています。その時、「愛は律法を充満する」するのです。

（2010年6月13日）

ローマの信徒への手紙　13章11節～14節

[11] 更に、あなたがたは今がどんな時であるかを知っています。あなたがたが眠りから覚めるべき時が既に来ています。今や、わたしたちが信仰に入ったころよりも、救いは近づいているからです。[12] 夜は更け、日は近づいた。だから、闇の行いを脱ぎ捨てて光の武具を身に着けましょう。[13] 日中を歩むように、品位をもって歩もうではありませんか。酒宴と酩酊、淫乱と好色、争いとねたみを捨て、[14] 主イエス・キリストを身にまといなさい。欲望を満足させようとして、肉に心を用いてはなりません。

（1）今はどんな時か（イザヤ書8章23b節～9章6節）

パウロは、「あなたがたは今がどんな時であるかを知っています（直訳：時を知りながら）」と言います。「時」とは、言うまでもなく「この世の時の流れ」ではなく、「神のご計画の中にある時」、すなわち、「救い」の観点からの「時」であり、「眠りから覚めるべき時」を意味します。言い換えれば、「救いに入れられる時」が来るまで、私たちは「滅びに身を任せて」、「死者のように眠っていた」のです。このことをパウロは、「眠りについている者、起きよ。死者の中から立ち上がれ」(エフェソ5・14)と勧めています。イザヤ書の預言(8・23b～)は、今、まさに、成就しました。救い主イエス・キリストが、既に、この世に到来されました。この救いのみ業が成就した「時」が、神のご計画の中心であり、時の原点です。私たち信仰者は、この決定的な「時の原点」を「知ってる」、とパウロは言うのです。

さらにパウロは、「今や、わたしたちが信仰に入ったころよりも、救いは近づいている」と言います。このことは、「救いは既に成就したが、未だ完成はしていない。私たちは、この救いの完成、すなわち、主イエス・キリストの再臨を待ち望んでいる」ことを表しています。「キリストは、多くの人の罪を負うためにただ一度身を献げられた後、二度目には、罪を負うためではなく、御自分を待望している人たちに、救いをもたらすために現れてくださいます」(ヘブライ9・28)。再臨の遅延は、パウロの時代から信仰上の大きな躓きとなっていましたが、パウロは「この時が近づいている」と信仰者を励ましています。「救い」には当然「裁き」が伴いますが、私たちはその「時」を喜びと感謝の内に待ち望みます。そのことが「今」の理解です。

(2010年6月27日)

（2）主キリストを身にまとう（イザヤ書8章23b節〜9章6節）

パウロは、「夜は更けた」と言います。「夜」は、「悪い時代」（マタイ12・45）、「邪悪な時代」（使徒2・40）、「よこしまな曲がった時代」（フィリピ2・15）とも表現されますが、決してある特定の時代ではなく、この世の現実である「暗さ」を示唆しています。しかし、この「暗闇」は絶望ではありませんでした。この「暗闇のただ中」に主イエスは「救いをもたらす光」として遣わされて来られました。「平和の君」（イザヤ書9・5）来臨の預言が、今、まさに成就したのです。

パウロは、この現実の暗さを見据えた上で、同時に、「夜明けは近い」（マルコ1・15参照「時は満ち、神の国は近づいた。」）と高らかに宣言し、「闇の行いを脱ぎ捨てて光の武具を身に着けよう」と勧めます。「闇の行い」とは、倫理面での「酒宴と酩酊、淫乱と好色」に代表され、纏めて表現すると「争い（国家間の戦争を含む）と（種々雑多な）ねたみ」（ロマ13・13）となります。それは全て、己の「欲望を満足させる（直訳：欲望に向かって）」ための行いです。

しかし「キリスト者は、すべて光の子、昼の子であり、暗闇には属していない」（Ⅰテサロニケ5・4）のですから、その欲望に負けない戦いを続けるために、「光の武具」を身に着けなければなりません。

「キリスト者の品位（直訳：ふさわしい）」は、「キリストによって装う」ことによって保たれます。「キリストを着る」とは、その衣服を「上着の下に身に付けて謙虚に振舞う」ことを意味することもあるでしょうが、この場合は、「上着の上に着け」、「自分を見る人がそのままキリストを見る」ことの出来るような生き方を示唆していると思われます。勿論、「片意地を張って」歩むことを意味してはいません。力を入れすぎると、反って、自分の地が出てしまいます。

さらにパウロは、「肉に心を用いてはなりません（直訳：〈肉の〉予めの考え、プロノイアン）」と言います。「肉」の反対は「霊」です（ロマ8・5）。「トレ・レゲ（取って、読め）」との呼びかけを聞いたアウグスティヌスが手にとって開いた聖書の箇所はまさにこのロマ書であったと伝えられています。「あらかじめ考える：プロノイア」のは神の側の業であり、肉の為すべきことは「後から考える：メタノイア（＝悔い改め）」ことに他なりません。

私たちキリスト者は、すでに、「皆、信仰により、キリスト・イエスに結ばれて神の子とされている」（ガラテヤ3・26）ことを信じて、今日から始まる一巡りの日々を歩んで参りたいと祈ります。

（2010年7月4日）

ローマの信徒への手紙　14章1節～12節

1信仰の弱い人を受け入れなさい。その考えを批判してはなりません。2何を食べてもよいと信じている
人もいますが、弱い人は野菜だけを食べているのです。3食べる人は、食べない人を軽蔑してはならない
し、また、食べない人は、食べる人を裁いてはなりません。神はこのような人をも受け入れられたからです。
4他人の召し使いを裁くとは、いったいあなたは何者ですか。召し使いが立つのも倒れるのも、その主人
によるのです。しかし、召し使いは立ちます。主は、その人を立たせることがおできになるからです。5
ある日を他の日よりも尊ぶ人もいれば、すべての日を同じように考える人もいます。それは、各自が自分
の心の確信に基づいて決めるべきことです。6特定の日を重んじる人は主のために重んじる。食べる人は
主のために食べる。神に感謝しているからです。また、食べない人も、主のために食べない。そして、神
に感謝しているのです。7わたしたちの中には、だれ一人自分のために生きる人はなく、だれ一人自分の
ために死ぬ人もいません。8わたしたちは、生きるとすれば主のために生き、死ぬとすれば主のために死
ぬのです。従って、生きるにしても、死ぬにしても、わたしたちは主のものです。9キリストが死に、そ
して生きたのは、死んだ人にも生きている人にも主となられるためです。10それなのに、なぜあなたは、
自分の兄弟を裁くのですか。また、なぜ兄弟を侮るのですか。わたしたちは皆、神の裁きの座の前に立つ

のです。[11]こう書いてあります。「主は言われる。『わたしは生きている。すべてのひざはわたしの前にかがみ、／すべての舌が神をほめたたえる』と。」[12]それで、わたしたちは一人一人、自分のことについて神に申し述べることになるのです。

(1) あなたは何者か（詩編95編1節〜3節）

14章に入りパウロは、「教会生活」について語り始めます。初めにパウロは、「菜食主義者」を「信仰の弱い人」と表現し、教会は「そのような人をも受け入れなさい。彼らを批判したり、排除してはならない」と勧めます。その背景には、ユダヤ人社会における厳しい食物規定がありました。菜食主義者は、「肉食は堕罪後の人間に止むを得ず許された（創世記9・3）ことである。人間は本来植物を食物とするように造られた（創世記1・29）のだから、菜食が神のみ心に適っている」と考えていたのです。また、パウロが言う「信仰の弱い人」の中には、土地の風俗習慣に従って、そのある特定の日を重んじる人々もいたようです。パウロは、「ある原理原則を勝手に決めて、そのことによって自分の信仰を確かめようとする人は、信仰の弱い人である」というのです。「菜食主義だから敬虔なユダヤ教徒である」とか「主日礼拝を守っているからキリスト者である」と考えるのは、一種の律法主義であり、本末転倒だと言わざるを得ません。「彼らは自分で手すりを作り、それに頼って歩んでいるような弱い人」なのです。

しかしパウロは、「そのような弱い人を批判してはならない。自由な人が、原理原則に生きる人を軽蔑し、逆に、軽蔑された人が律法を守らない人を裁くと、教会内に対立が生じる。このことによって、主イエス・キリストの体なる教会の豊かさが失われる。教会を破壊してはならない。（敢えて肯定するのではないが）弱い人も受け入れて、共に歩むのが教会の真の姿である」と教えます。

パウロは、「信仰者は強い者」（ロマ15・1）との前提で語っていますが、私たちの内にはこの両面があることは否定できません。この意味では、「キリスト者は、自由に生きることを目指してはいるが、未だ中途半端な存在である」と言わざるを得ないでしょう。しかし主なる神は、そのような私たちを「そのままに」受け入れてくださり、一人ひとりを集めて教会を立ち上げてくださいました。私たちは、「神が御子の血によってご自分のものとされた教会の、その群れ全体を守っていかなければならない」（使徒20・28参照「どうか、あなたがた自身と群れ全体とに気を配ってください。聖霊は、神が御子の血によって御自分のものとなさった神の教会の世話をさせるために、あなたがたをこの群れの監督者に任命なさったのです。」）のです。

パウロは、「キリスト者は、全員が一人ひとり〝神の召使〟である」と言います。ギリシャ語の「召使」は「家」を語幹とする用語で、「僕」とも「奴隷」とも異なる言葉です。すなわちパウロは、「〝神の家の召使〝を自分の所有物であるかのように考えて勝手に裁いてはならない。裁こうとする〝あなたは何者か！〟」と戒めます。勿論、教会員一人ひとりの信仰の度合いには違いがあります（ロマ12・3）。しかし、主は一人です。そのただ一人の主に向かって、私たちは賛美の声を高らかに上げるのです（詩編95・1〜）。

さらにパウロは、「何を守るか」かは「各自が自分の心（＝理性）の確信に基づいて決めなさい」と勧めます。その判断の結果には、当然のことながら「違い」が生じるでしょう。しかし、その「違い」も神の遠大なご計画の内にあるのです。「召し使いが立つのも倒れるのもその主人によるものです。しかし、召し使いは立ちます。主は、その人を立たせることがおできになるからです」（ロマ14・4）と断言した時パウロは、必ずや「ダマスコにおける回心の出来事」を想起したことでしょう。教会は、「教会員一人ひとりの主人は神である」との信仰に基づいて歩んでいるのです。（２０１０年7月18日）

（2）我らは主のもの（イザヤ書45章22節〜25節）

パウロは、「だれ一人自分のために生きる人はなく、だれ一人自分のために死ぬ人はいない」（ロマ14・7）と言います。本性利己的な私たちは、この言葉を聞いて「逆ではないか？」との疑問を持つでしょう。ある人は、「パウロは、人に気に入られなければ生きていけない（根底は利己的）人間の弱さ（虚しさ、悲しさ）を逆の角度から説明している」とも解説しています。しかし続けてパウロは、「生きるにも死ぬにも主のためである」（ロマ14・8）と言います。すなわち、ここでパウロは、「生と死」という言葉を用いて私たちキリスト者の全てを語っているのです。楽聖バッハは、全楽譜の最後に「S.D.G（soli Deo Gloria）＝only God gloria」と書き記したと伝えられていますが、これは私たちキリスト者全員に共通する生き方である、と言えるでしょう。さらにパウロは、「生きるにしても、死ぬにしても、わたしたちは主のものです」と言い換えます。ハイデルベルク信仰問答の序（唯一の慰め）の問・答を想起させられます。すなわち、「十字架と復活」は、キリストが全ての人の主となるための出来事だったのです。このことは、あくまで可能性であって現実ではありません。十字架を拒絶する人ははっきりと除外されます。すなわちパウロは、「生と死」を語ることによって、「十字架と復活への信仰」を表明しています。逆に言えば、私たちが主のものとされるためには「十字架と復活」が必須だったのです。

赦されて主の者とされたキリスト者が、感謝して善き行いを為すことは当然のことですが、その行為は条件ではありません。求められていることはあくまで「主のものとして生きる」、「主のもととされた慰めに生きる」、「神の栄光のために生きる」こと以外にはありません。したがって、特定の日を重視したり、食物規定に拘泥することは無意味となります。パウロは、感謝のみを基にすることにより、日々の生活の隅々に至るまで心のゆとりを求めているのです。

私たちの生涯には、感謝の業が出来る時もあり、また、様々な事情によって望んでも出来なくなる時があります。しかし、「主のものとされて生きる」ことは最後まで許されています。最後の裁きは神のみの業であり、私たちには裁きの資格は与えられていません。旧約のイザヤ書は、私たちは全員が神の裁きの前に立たされる（イザヤ書49・18「目を上げて、見渡すがよい。彼らはすべて集められ、あなたのもとに来る。わたしは生きている、と主は言われる。」45・23、24「わたしは自分にかけて誓う。わたしの口から恵みの言葉が出されたならば／その言葉は決して取り消されない。わたしの前に、すべての膝はかがみ／すべての舌は誓いを立て　恵みの御業と力は主にある、とわたしに言う。主に対して怒りを燃やした者はことごとく／主に服し、恥を受ける。」）、ことを預言しています。しかし、その時私たちキリスト者には、執り成しのキリストが立ち会ってくださいます。したがって私たちは、神の愛を確信し（Ⅰヨハネ4・16、17参照）、「一人一人、自分のことについて神に申し述べる（＝心を開いて洗いざらい語る）」（ロマ14・12）ことが出来るのです。「私たち」とは、「主が伴って養ってくださる群れ、礼拝する群れ、すなわち、信仰共同体」のことに他なりません。

（２０１０年７月25日）

ローマの信徒への手紙　14章13節～23節

13従って、もう互いに裁き合わないようにしよう。むしろ、つまずきとなるものや、妨げとなるものを、
兄弟の前に置かないように決心しなさい。14それ自体で汚れたものは何もないと、わたしは主イエスによっ
て知り、そして確信しています。汚れたものだと思うならば、それは、その人にだけ汚れたものです。15
あなたの食べ物について兄弟が心を痛めるならば、あなたはもはや愛に従って歩んでいません。食べ物の
ことで兄弟を滅ぼしてはなりません。キリストはその兄弟のために死んでくださったのです。16ですから、
あなたがたにとって善いことがそしりの種にならないようにしなさい。17神の国は、飲み食いではなく、
聖霊によって与えられる義と平和と喜びなのです。18このようにしてキリストに仕える人は、神に喜ばれ、
人々に信頼されます。19だから、平和や互いの向上に役立つことを追い求めようではありませんか。20食
べ物のために神の働きを無にしてはなりません。すべては清いのですが、食べて人を罪に誘う者には悪い
物となります。21肉も食べなければぶどう酒も飲まず、そのほか兄弟を罪に誘うようなことをしないの
が望ましい。22あなたは自分が抱いている確信を、神の御前で心の内に持っていなさい。自分の決心にや
ましさを感じない人は幸いです。23疑いながら食べる人は、確信に基づいて行動していないので、罪に定
められます。確信に基づいていないことは、すべて罪なのです。

（1）愛に従って歩む（イザヤ書53章6節～10節）

「人を裁く（κρίνω）な」と勧めたパウロは、同じ用語（κρίνω）を用いて「つまずき（πρόσκομμα：口語訳・妨げ）となるものや、妨げ（σκάνδαλον：口語訳・つまずき）となるものを、兄弟のまえに置かないように決心（κρίνω）しなさい」と勧めます。「つまずき」は「道端の石ころ」のような偶発的なことを意味し、「さまたげ」は「落とし穴」とも訳されることから意図的な障害物を指していると考えられます。主イエスは、「つまずきをもたらす者は不幸だ」（マタイ18・7）と教えておられます。したがってパウロは、「信仰者といえども、人間は得てしてある意志をもって人を陥れかねない。だから、隣人に対して細やかな配慮をしなければならない」と教えるのです。「悪より救い出したまえ」との主の祈りにも、この人間の本性が秘められているのです。

続けてパウロは、具体的な食物の問題に話を進めます。主イエスは、「外から人の体に入るもので人を汚すことができるものは何もない」（マルコ7・16）と教えられました。したがって信仰者は、既に律法の食物規定から解放されていました。しかし、問題は「思い込んでいる」人たちに対して如何に対処するか、です。パウロは、「このような人たちを決して排除してはならない。自分の信念だけを主張してはならない。一歩一歩を大切に歩め（περιπατέω）。何故ならば、主イエス・キリストはその兄弟のために死んでくださったのだから」と勧めます（この世を「生きる」ことを「歩む」と表現したのはパウロが初めてのようだ。）。

イザヤ書は、「わたしたちは道を誤り、それぞれの方角に向かって行った。主は、その罪を彼に負わせられた」（イザヤ書53・6）と預言しています。この預言の成就である主の十字架を虚しくしないことが「キリスト者の生き方」です。「愛に従って歩む」とは、十字架で死んでくださった「主の愛」に従って歩むことに他なりません。主は、私のために、そして、兄弟のために死んでくださいました。「善いこと」、すなわち、救い・福音・キリスト者の自由、に生かされている信仰者の群れが、そしりあったり、ののしりあってはなりません。人間的な弱さを抱きながらも、上からの助けを求めながら、群れとして歩んで参りたいと祈ります。

（２０１０年８月１日）

（2）神の国は義と平和と喜び（詩編16編7節〜11節）

パウロは、「神の国は食べたり、飲んだりするところではない（ロマ14・17直訳）、信仰者の価値は、そのようなことでは決まらない。神がご支配されるところ（＝神の国）にもたらされるものは、聖霊による義と平和と喜びである」と強調します。言い換えれば、「神の国は、見える形では来ない。……実に（既に）あなたがたの間にある（ルカ17・21）。主キリストが来臨されて共にいてくださるのだから信仰者は既に神の国へ迎え入れられている。十字架を信じる者、すなわち、二人または三人が主キリストの名によって集まるところには、主イエスご自身が共にいてくださる（マタイ18・20）。これは聖霊の力によることである」というのです。

聖霊がもたらしてくださる「義」とは、「神のみ前で善しとされる」ことであり、その神のもとに憩うこと以上の「平安」はありません（アウグスティヌス）。そのことが真の不変の「喜び」であり、このことは、即、「教会」を示唆しています。

勿論、現実のこの世の教会に「欠け」があることは事実ですが、私たち教会共同体はこの「義と平和と喜び」への途上にあると同時に、その神の国の恵みの先取りも経験しています。旧約の詩人の預言（詩編16・8）は、今まさに、主イエス・キリストが共に歩んでくださることによって成就したのです。そして、神の国へ招き入れられた私たち信仰者は、神に仕える者とされました（ロマ14・18）。この「仕える」は、一時的にサーヴィスするのではなく、一生涯神の所有物として神の奴隷となることを意味しています。ただし、求められていることは特別な任務ではなく、「神に喜ばれ、人々（＝世）に信頼されることだけです。パウロは、「だから、（裁きあうことを止めて）

平和や互いの向上に役立つことを追い求めようではありませんか」（ロマ14・19）と勧めます。「追い求める」とは、パウロがキリスト信者を迫害した時（使徒9・5）の用語です。この手紙を書いている時パウロは、回心する前の自分の姿を省みていたことでしょう。また、「（互いの）向上」とは、「（互いの徳を）高める」（口語訳）とも訳される用語（原意：建物を建てる）であり、「教会をたてる」ことを示唆しています。共同体である教会は、様々な人々が集められて「一つの体」となっています。「どちら」をも排除することなく、「互いに」助け合って教会をたてる時、そこに「平和」が証しされるのです。

（2010年8月8日）

（3）神のみ前における確信（出エジプト記32章1節〜6節）

パウロは、「食べ物のために神の働き（＝業）を無にしてはならない（原意：破壊する）」と勧めています。「神の働き（業）」とは、「教会（互いの徳を立てる）」そのものとも、「神の救いの業（食物で躓いて神の救いの業から洩れないように）」を示唆するとも解釈されていますが、「教会」は「十字架（救い）」のもとに集結された群れですから、「教会と救い」は同じものであると言えるでしょう。パウロは「教会に集う兄弟を、食べ物のことで罪に誘うな（原意：躓かせる、衝突する）、それは、神の業を無にすることになる」というのです。

ここでパウロは、それまで「あなたがた」と呼び掛けていた対象を2人称・単数「あなた」に変え、「あなたは自分の抱いている確信（ピステス：信仰）を、神のみ前で心の内に持っていなさい（ローマ14・22）。これは、〝あなた〟と〝神〟の問題である。ことは食物の問題だけではない。信仰者としての〝あなた〟の姿勢が問われている」と教えています。信仰者は、「自分自身で（心の内で）、他人の意見に左右されないしっかりとした信仰を持って神のみ前に立つ」ことを求められているのです。

さらにパウロは、「自分の決心（直訳：自ら承認したこと）にやましさを感じない人は幸いです」と言います。逆に、「確信に基づいて行動していない人は、罪に定められている、神の祝福に与れない」とまで断言しています。神を見失い、金の子牛を崇拝したイスラエルの民の出来事（出エジプト記32・1～6）を想起させられます。しかしここでパウロは、「独善で良い」とは決して言ってはいません。前提となることは、あくまで「神の働きを無にしない」ことです。私たちは、何時も、「自分の確信が、神のみ前で通用するか、否か」を自ら問い続けなければなりません。

この世における私たちは、何時も「疑い」を持ちがちです。しかし、確信に基づく歩みには決して迷いはありません。「確かな歩みは、悔い改めの祈りのもとでの神の支えによるものであり、神ご自身がその歩みを導いてくださる」からです。

信仰共同体の中には、具体的には様々な可能性が秘められています。しかし、個々人の目的は、「神の業を無にしないこと、すなわち、教会を立てること」において一致しているのです。

（2010年8月22日）

ローマの信徒への手紙　15章1節～6節

1わたしたち強い者は、強くない者の弱さを担うべきであり、自分の満足を求めるべきではありません。

2おのおの善を行って隣人を喜ばせ、互いの向上に努めるべきです。3キリストも御自分の満足はお求めになりませんでした。「あなたをそしる者のそしりが、わたしにふりかかった」と書いてあるとおりです。

4かつて書かれた事柄は、すべてわたしたちを教え導くためのものです。それでわたしたちは、聖書から忍耐と慰めを学んで希望を持ち続けることができるのです。5忍耐と慰めの源である神が、あなたがたに、キリスト・イエスに倣って互いに同じ思いを抱かせ、6心を合わせ声をそろえて、わたしたちの主イエス・キリストの神であり、父である方をたたえさせてくださいますように。

忍耐と慰め（出エジプト記33章12節～17節）

15章に入りパウロは、「（わたしたち）強い者」との表現を用い始めます。この「強い」とは、「食べ物のことに拘る弱い者」（ロマ14・1）や「肉体的な弱さを持つ者」（Ⅱコリント12・5）の反意語ではなく、「神の前に立つ確信に基づき、疑い迷うことなく神に委ねきっている者」を意味しています。通常「強い者」は、往々にして「自分本位、自惚れ、自己満足、自己耽溺」に陥りがちですが、パウロは決して自分を誇っているのではなく、「(信仰者は本来恵みによって)確信に生かされている(強くされている)ことの幸い」を語っているのです。しかし現実には、「強い者」も同時に「強くない者」になり得ることです。教会は、この現実を「担い」「担われ」、主に導かれて歩んでいるのです。

また、「強い者」の原意には「(担うことが)出来る」という意味が含まれています。パウロは、「強い者」が「強くない者の弱さ」を担うのは、「自分の満足(原文:喜ばせる)のためではなく「隣人を喜ばせる」ためです。キリストも「ご自分の満足(原文:喜ばせる)」はお求めになりませんでした、と強調しています。言うまでもなく、「喜ばせる」とは「相手の言いなり」になることではなく、「その(=定冠詞)善」、すなわち、「共に神のみ旨に立つ、み旨に適うこと」を行うことです。さらに、「互いに向上に努める」とは「建物を立てる」の意であり、「教会を立てる」ことを示唆しています。信仰者が、「喜びを分かち合う」時、そこに「教会」が立つのです。

信仰に堅く立ち「忍耐」をする時、そこには必ず「慰め」と「希望」が与えられます。主イエス・キリストの出来事は、まさに旧約の預言の成就です。「アブラハムもモーセも、信仰者の歩みはこの忍耐と慰めと希望を証しする」ものであり、神のご計画はこのプロセスで進行しています。モーセは民の（神に対する）裏切りに忍耐しました。そのモーセに対して神は、「わたしが自ら同行し（共にいる）、あなたに安息を与えよう」（出エジプト記33・14）と改めて約束してくださいました。これこそが、神の慰めです。

私たち信仰者は、忍耐に慰めと励ましが与えられているからこそ、この世の歩みを続けていくことが出来ます。しかも、この慰めと励ましは、その場限りのことではなく、幾重にも重ねられていきます。それ故に私たちは、この世を超えて希望を持ち続けることが出来るのです。パウロは、この理由を「祈り」において明らかにしています。実は、忍耐を重ねて来られたのは神ご自身でした。十字架は、まさに、神の忍耐の出来事です。しかも、そこでもたらされた救いは、今尚、続いています。私たちは、繰り返し悔い改めることによって、キリストに倣う者に成長させられ、「一つの心（原意：情熱）と一つの口」で、共に主を賛美するのです。

（2010年9月5日）

ローマの信徒への手紙　15章7節～13節

[7]だから、神の栄光のためにキリストがあなたがたを受け入れてくださったように、あなたがたも互いに
相手を受け入れなさい。[8]わたしは言う。キリストは神の真実を現すために、割礼ある者たちに仕える者
となられたのです。それは、先祖たちに対する約束を確証されるためであり、[9]異邦人が神をその憐れみ
のゆえにたたえるようになるためです。「そのため、わたしは異邦人の中であなたをたたえ、／あなたの
名をほめ歌おう」と書いてあるとおりです。[10]また、／「異邦人よ、主の民と共に喜べ」と言われ、[11]更に、
／「すべての異邦人よ、主をたたえよ。すべての民は主を賛美せよ」と言われています。[12]また、イザヤ
はこう言っています。「エッサイの根から芽が現れ、／異邦人を治めるために立ち上がる。異邦人は彼に
望みをかける。」[13]希望の源である神が、信仰によって得られるあらゆる喜びと平和とであなたがたを満
たし、聖霊の力によって希望に満ちあふれさせてくださるように。

望みの源なる神（イザヤ書11章1節～10節）

キリスト教の教理、倫理を語り続けてきたパウロは最後に、「キリストがあなたがたを受け入れてくださったように、あなたがたも互いに相手を受け入れなさい」と勧めます。「受け入れる」とは「歓迎する、もてなす」とも訳される言葉です。教会員の生き方は、当然のことながら夫々に異なるので、些細なこと（食物規定等）を巡ってでも対立が生じ、そこに人による裁きが起きがちです。

しかし、主イエスは「兄弟のために死んでくださった」（ロマ14・15）のであり、「ご自分の満足は一切求められませんでした」（ロマ15・3）。「父よ、彼らをお赦しください」（ルカ23・34）との十字架上でのみ言葉が、このことを明らかに示唆しています。群衆は、自分たちが主イエスを十字架にかけたにもかかわらず、その罪を自覚していませんでした。主イエスは、そのような惨めな私たち人間の執り成しの業を為してくださいました。十字架は、まさに「神の栄光のため（=神が神として崇め称えられるため）」の「愛の執り成し」です。しかもその出来事は、あたかも人間が引き起こしたかのように見えましたが、実は神の遠大なご計画でした。この意味でパウロは、「私たちを受け入れてくださった主イエスの十字架を見上げ、互いに受け入れあって、主なる神を崇めよ」と勧めているのです。

さらにパウロは、「わたしは言う」と強調して、「キリストのご生涯は、神の真実（原文：アレセイア＝真理）を現すためであった」と教えています。「真理」とは「神が神である」ことです。それは、神が旧約の民に与えられた祝福の約束に対する真実です。しかもそれは、実はイスラエルだけではなく、「異邦人（＝国々）にも与えられていた」（詩編18・50）終末的な約束です（イザヤ書11・1〜10、エレミヤ書31・33〜）。キリスト者の共通の願い・望みの源は、「神が神として崇められる時を待つ」「神に望みを置く」というこの終末的希望に他なりません。この希望が、今、十字架によって成就したのです。

同時にパウロは、この「希望が絶えざる祈り」（ロマ15・13）であることを示唆しています。まことの救いが成就したことは「確か」です。しかし私たちは、この確かの事実を祈りとして語らざるを得ません。祈りとして語らざるを得ないのが信仰です。

（２０１０年９月19日）

ローマの信徒への手紙　15章14節～21節

14兄弟たち、あなたがた自身は善意に満ち、あらゆる知識で満たされ、互いに戒め合うことができると、
このわたしは確信しています。15記憶を新たにしてもらおうと、この手紙ではところどころかなり思い切っ
て書きました。それは、わたしが神から恵みをいただいて、16異邦人のためにキリスト・イエスに仕える
者となり、神の福音のために祭司の役を務めているからです。そしてそれは、異邦人が、聖霊によって聖
なるものとされた、神に喜ばれる供え物となるためにほかなりません。17そこでわたしは、神のために働
くことをキリスト・イエスによって誇りに思っています。18キリストがわたしを通して働かれたこと以外
は、あえて何も申しません。キリストは異邦人を神に従わせるために、わたしの言葉と行いを通して、19
また、しるしや奇跡の力、神の霊の力によって働かれました。こうしてわたしは、エルサレムからイリリ
コン州まで巡って、キリストの福音をあまねく宣べ伝えました。20このようにキリストの名がまだ知られ
ていない所で福音を告げ知らせようと、わたしは熱心に努めてきました。それは、他人の築いた土台の上
に建てたりしないためです。21「彼のことを告げられていなかった人々が見、／聞かなかった人々が悟る
であろう」と書いてあるとおりです。

（1）神の福音のために（イザヤ書61章5節〜9節）

この手紙の最後でパウロは、「わたしは、確信している、わたしの兄弟たちよ！……」と強烈に呼び掛けます。「兄弟たちよ」とは度々呼んでいましたが、「わたしの」と付け加えた（ロマ7・4&15・14のみ）ことに、ローマ教会に対するパウロの特別な思い・信頼が表れています。「同じ信仰に結ばれているからこそ、彼らが霊の結ぶ実である「善意」に満ち、救いに関する洞察力である「知識」で満たされており、したがって、（キリスト者としての在り方にとどまり続けることに関して）「互いに戒めあう」ことが出来る、とパウロは「確信」しているのです。

さらにパウロは、（これまで語ってきたことを読み直してみると）「ところどころ、思い切って書いた、それは、記憶を新たにしてもらうためである」と言います。この手紙でパウロは、特に新しいことを言っているのではありません。パウロは、「信仰は、放置しておいては継続しない。み言葉によって日々新たにされなければならない。信仰者は、あの十字架の出来事をくり返し想起することが大切である」と説くのです。

パウロがこの長い手紙を書き続けることが出来たのは、ひとえに、神から与えられた「恵み（カリス)」によるものです。「恵み」は、第一義に「十字架の出来事」に他なりませんが、ここでパウロは「自分に与えられた異邦人伝道に関する召命感」を強調しています。パウロは、同胞ユダヤ人の救いを心から願いつつも、かつ、異邦人伝道のために選ばれたことを覚え、異邦人のためにキリスト・イエスに仕える者となった、と述べています。「仕える者」と訳されているギリシャ語は、「奉仕」「奴隷」とは異なり、「礼拝する者、祭司」を意味します。パウロは、今までは「汚れた者」と看做されていた「異邦人」を、「神に喜ばれる供え物」(ロマ12・1参照)とするための祭司の役に用いられているのです。今、まさに、旧約の預言(イザヤ書61・5、6)は成就しました。「神の福音」(ロマ1・1、15・16)は、この世の全ての民をその射程に入れています。異邦人であった「私たち」も、「聖霊によって聖なるもの」(ロマ15・16)とされています。私たちも、神の福音のために夫々の立場を与えられているのです。神に喜ばれる供え物として、喜ばしく生きること、そのことが神の福音の証しであり、伝道の業に他なりません。

(2010年9月26日)

(2)我らの誇り(イザヤ書52章13節〜15節)

パウロは、「わたしは誇りを持っている、キリスト・イエスにあって、神に関して」(ロマ15・17直訳)

と言います。これまでにもパウロは、「苦難を誇り」(ロマ5・2、3)、「神を誇り」(ロマ5・11)、「十字架を誇り」(ガラテヤ6・14)、「自分の弱さを誇る」(Ⅱコリント12・5、9)とくり返し述べてきました。パウロは、自分の力に頼ることなく、全てをイエスに委ね切ることによって自分の中にキリストの力が宿っていることを実感し、そのことを誇りとしているのです。(新共同訳はこの箇所〈神に関して〉を、「パウロがこれまで為してきた伝道の業」と解釈して「神の為に働くこと」と意訳しているが)ここでパウロは、「神の業の全て、十字架の出来事、神の福音(救いのみ業)」を、「キリストにあって(in)誇る」、すなわち、「福音を宣べ伝えることが出来るのは自分の力ではない。自分の内に生きておられるキリストご自身が伝道をなさっているのである」と告白しているのです。この信仰告白は、「ハイデルベルク信仰問答・問1(わたしの身も魂も、イエス・キリストのもの)」に通じている、と言えるでしょう。

パウロは、エルサレムから始まってイリリコン州に至る異邦人社会にまで熱心に伝道しました(ロマ15・20、21)。伝道は、神のみ業ではありますが、人間を通して為されます。したがって、伝道にもっとも大切なことは、本来の土台(イエス・キリストという土台)以外の上(=他人の土台)に教会を建てないことです。このパウロの伝道によって、旧約の預言(イザヤ書52・15 異邦人伝道)は、今、まさに成就しました。教会が建てられました。「パウロの熱心」を引き出されたのは、人間の救いの為に、その独り子を与えてまで人間を追い求められた「神の熱心」です。「神の熱心」はその救いの知らせを「教会を通して」知らせようとなさったのです。

「キリストの名がまだ知られていないところ」（ロマ15・20）とは、「キリストが受け入れられていないところ」、すなわち、「私たちの家族、友人」の周囲を示唆しています。私たちは、十字架にのみ救いがあることを確信（決定的な誇り）し、この「神の熱心」への応答・伝道の業に励むことを勧められています。しかも、この誇りは、徹底的に終末論に結びついています。信仰者として生き抜いてきた誇りは、最後の時に神のみ前での誇りとして報告されます。この誇りを宣べ伝えることが、証しであり、伝道に他なりません。

（2010年10月3日）

ローマの信徒への手紙　15章22節～29節

[22] こういうわけで、あなたがたのところに何度も行こうと思いながら、妨げられてきました。[23] しかし今は、もうこの地方に働く場所がなく、その上、何年も前からあなたがたのところに行きたいと切望していたので、[24] イスパニアに行くとき、訪ねたいと思います。途中であなたがたに会い、まず、しばらくの間でも、あなたがたと共にいる喜びを味わってから、イスパニアへ向けて送り出してもらいたいのです。[25] しかし今は、聖なる者たちに仕えるためにエルサレムへ行きます。[26] マケドニア州とアカイア州の人々が、エルサレムの聖なる者たちの中の貧しい人々を援助することに喜んで同意したからです。[27] 彼らは喜んで同意しましたが、実はそうする義務もあるのです。異邦人はその人たちの霊的なものにあずかったのですから、肉のもので彼らを助ける義務があります。[28] それで、わたしはこのことを済ませてから、つまり、募金の成果を確実に手渡した後、あなたがたのところを経てイスパニアに行きます。[29] そのときには、キリストの祝福をあふれるほど持って、あなたがたのところに行くことになると思っています。

キリストの祝福を携えて（創世記12章1節～3節）

パウロは、何度もローマ訪問を望みながらも、多忙な日々（広範囲な異邦人の地への伝道）故に、計画するたびに「妨げられてきました」（ロマ15・22）。「妨げられる」とは、「聖霊が禁じ、主イエスの霊が許されなかった」（使徒16・6参照）のです。箴言（16・9）は、「人間の心は自分の道を計画する。主が一歩一歩を備えてくださる」と教えています。すなわち、私たちは自分の歩む道を自分の責任で考えなければなりませんが、必ずしも思った通りになるとは限りません。その時私たちは、全てを神に委ねて、定められた道を歩むことになるのです。パウロも、ことは志と異なりましたが、神が備えてくださった道を歩んでいました。

しかし、今、事態は変化しました。パウロは、「もうこの地方に（自分が）働く場所がなくなった」（ロマ15・23）と言います。これは、「拠点展開は完了し、この地の伝道を次の世代の引き継ぐべき時が来た」とのパウロの積極的な責任ある発言です。そして、この時パウロは、地の果て・イスパニアへの伝道を志しました。そこに、神のみ旨を見たのです（マタイ28・19、使徒1・8参照）。しかしパウロは、全世界を視野に入れた大宣教命令を、個人の業ではなく、教会の業と認識し、ローマ教会に協力を求めています。パウロは、ローマ教会に多くの知人を有していましたが（ロマ16・1～参照）、そこに何時までも留まり続けるのではなく、「暫くの間、共にいる喜びを味わい、その後イスパニアに向かうので、是非送り出してほしい」（ロマ15・24）と、懇願します。すなわち、世界伝道のために、物心両面の援助を求めているのです。

しかし、パウロが実際にローマに向かうのはまだまだ先のことでした。その時彼が真っ先に為さなければならなかったことは、マケドニア・アカイア州の人々から預かっていた献金をエルサレム教会に自ら・責任をもって・確実に手渡す（原文：封印する）こと、すなわち、献金を届ける（原文：仕える）ことでした。異邦人教会は、エルサレム教会の霊的なもの（原文：複数形、すなわち、福音に関する様々なこと）に与っていました。したがって、「異邦人教会はエルサレム教会を援助（コイノーニア）する義務（負債、負い目）がある」とパウロは説くのです。「コイノーニア」とは「同じものに与る」という意味があり、そこから、「交わり・教会」を意味するようになりました。この「援助」によって、異邦人教会とエルサレム教会の間には交わりが成り立ち、連帯性が生まれるのです。

パウロは、エルサレム教会に援助を届けた後、必ずローマ教会に立ち寄ると約束し、その時には、「キリストの祝福を溢れるほど（原文：充満の内に）持っていくことになると思っている」と言います。「思う」の原文は「知る」です。パウロは、キリストの福音を「確信」しているのです。しかも、この「キリストの福音」は、人類の父祖アブラハムに約束された「大いなる祝福、全世界の民への祝福、一方的祝福、無償の祝福」と堅く結び付いているのです。

（２０１０年10月24日）

ローマの信徒への手紙　15章30節〜33節

[30]兄弟たち、わたしたちの主イエス・キリストによって、また、〝霊〟が与えてくださる愛によってお願
いします。どうか、わたしのために、わたしと一緒に神に熱心に祈ってください、[31]わたしがユダヤにい
る不信の者たちから守られ、エルサレムに対するわたしの奉仕が聖なる者たちに歓迎されるように、[32]こ
うして、神の御心によって喜びのうちにそちらへ行き、あなたがたのもとで憩うことができるように。[33]
平和の源である神があなたがた一同と共におられるように、アーメン。

平和の源なる神（創世記32章23節〜33節）

パウロは、ローマ教会の兄弟たちに「私のために、イエス・キリストによって、霊の愛を通して、私と一緒に熱心に祈って欲しい」と嘆願しています。「イエス・キリストによって」とは、単なる飾り言葉ではありません。ここでパウロは、「自分はイエス・キリストによって使徒としてた

てられている」ことを強調しています。すなわち、「私のため」とは「パウロ個人のこと」ではなく、「キリストに関わること・福音が正しく宣べ伝えられること」を意味しているのです。「霊の愛」という表現は聖書ではこの箇所だけに使われている特殊な言葉であり、「神の愛は、聖霊の働きによって与えられる」との意が含まれています。また、「一緒に熱心に（祈る）」と訳されているギリシャ語は、「（祈りにおいて）一緒に苦闘する」という合成語であり、「（祈りにおける）苦闘」を表現しています。この手紙を書いた当時のパウロは、ユダヤ人からの妨害に悩まされ続けていました（使徒21・27〜、23・21〜参照）が、「キリスト者は、神の愛によって堅く結ばれていることを確信していました」（ロマ8・38、39参照）。「祈りにおける苦闘」と言えば、直ちに「ゲッセマネの祈り」を想起しますが、パウロの願う「熱心な祈り（一緒に協議する）」も「神のみ業が現れますように、み心が貫き通りますように」という点では主イエスの祈りと共通しています。その祈りはまた、「ペヌエルでのヤコブの格闘」（創世記32・23〜）にも通じています。ヤコブが「夜を徹して神と格闘した」ということは「祈りにおける苦悩」の表現です。その「苦悩」に対して主なる神は「祝福を与えられた」のです。

「神の祝福」は、「一方的・無償」で、かつ、「豊か」です。しかし、決して「棚から牡丹餅」式に与えられるものではなく、「熱心な祈り」が必須条件です。パウロは、「先ず、エルサレムに行く」

こと、そして、次に「ローマに行くこと」を必死に願い求めました。この願いに対する神のみ心は、「(ユダヤ人からの迫害に対して)ローマ兵による逮捕」(使徒21・33)と「ローマへの護送」(使徒27・1～)という形で示されました。どのような形であれ、「キリストが宣べ伝えられることを、パウロは心から喜んでいます」(フィリピ1・15～参照)。かくして、パウロが願っていた(イスパニア伝道は許されませんでしたが)帝国の首都ローマにおける福音伝道は確実に実現しました。

パウロが祈った福音伝道の中心は、ロマ書の最後の結びである「平和の源である神があなたがた一同と共におられるように」(ロマ15・39)に集約されています。「平和」とは、復活の主イエスが最初に与えてくださった「祝福」(ヨハネ20・19)であり、「罪の赦し、神との交わりの回復」に他なりません。「平和の源である神が共にいてくださる」ところには、「人々の間にも相互の赦しと和解」が生まれます。すなわち、「平和の神が共にいてくださいますように」との祈りは、私たちの最大の祈りでもあるのです。

(2010年11月28日)

ローマの信徒への手紙　16章1節〜16節

1ケンクレアイの教会の奉仕者でもある、わたしたちの姉妹フェベを紹介します。2どうか、聖なる者た
ちにふさわしく、また、主に結ばれている者らしく彼女を迎え入れ、あなたがたの助けを必要とするなら、
どんなことでも助けてあげてください。彼女は多くの人々の援助者、特にわたしの援助者です。3キリスト・
イエスに結ばれてわたしの協力者となっている、プリスカとアキラによろしく。4命がけでわたしの命を
守ってくれたこの人たちに、わたしだけでなく、異邦人のすべての教会が感謝しています。5また、彼ら
の家に集まる教会の人々にもよろしく伝えてください。わたしの愛するエパイネトによろしく。彼はアジ
ア州でキリストに献げられた初穂です。6あなたがたのために非常に苦労したマリアによろしく。7わた
しの同胞で、一緒に捕らわれの身となったことのある、アンドロニコとユニアスによろしく。この二人は
使徒たちの中で目立っており、わたしより前にキリストを信じる者になりました。8主に結ばれている愛
するアンプリアトによろしく。9わたしたちの協力者としてキリストに仕えているウルバノ、および、わ
たしの愛するスタキスによろしく。10真のキリスト信者アペレによろしく。アリストブロ家の人々によろ
しく。11わたしの同胞ヘロディオンによろしく。ナルキソ家の中で主を信じている人々によろしく。12主

のために苦労して働いているトリファイナとトリフォサによろしく。主のために非常に苦労した愛するペ
ルシスによろしく。
13 主に結ばれている選ばれた者ルフォス、およびその母によろしく。彼女はわたしに
とっても母なのです。
14 アシンクリト、フレゴン、ヘルメス、パトロバ、ヘルマス、および彼らと一緒に
いる兄弟たちによろしく。
15 フィロロゴとユリアに、ネレウスとその姉妹、またオリンパ、そして彼らと
一緒にいる聖なる者たち一同によろしく。
16 あなたがたも、聖なる口づけによって互いに挨拶を交わしな
さい。キリストのすべての教会があなたがたによろしくと言っています。

(1) 主にあってよろしく (詩編24編3節～6節)

パウロは、この手紙の最後を、一人ひとりの名前を覚えて丁寧な挨拶で締め括ります。パウロは未だローマ教会に行ったことがなかったので、ここに挙げられている26名は彼が知っていた全ての同信者だったとも思われます。同時にパウロは、彼らをローマ教会の人たちに紹介したいとの思いも持っていたことしょう。名前を挙げられた者たちに共通することは、特に有名な信仰の模範的な人ではなく、ごく普通の熱心な信仰者であることです。

フェベはこの手紙(コリントで書かれた)の持参者で、何か特別な(困難な)目的があってローマに向かった女性です。他に多くの女性の名前が記されていることから、キリスト教会は、その当

初から女性を重視したことが窺われます。プリスカとアキラは、ローマ皇帝に追放されてコリントに来ており、伝道の為にその地を訪れたパウロの世話をした夫婦です（使徒18・1〜参照）。当時は既にローマへ戻っていたようです。エパイネトはアジア州で初めて洗礼を受けた者であり、彼に対するパウロの思いは一入だったのでしょう。何かの事情で大変苦労したマリアへの思いやりも窺えます。アンドロニコとユニアスはパウロの回心以前にキリストに出会った有力な信者でした。特に際立った業績が伝えられている人ではありませんが、教会が正しく立つために重要な働きをされたことでしょう。アンプリアト、ウルバノ、スタキス、ペルシス、アシンクリト以下5名は奴隷の名前です。同時にパウロは、ヘロデ家に繋がる高位の人たち（ヘロディオン）のことも覚えています。ルフォスは、かの十字架を無理に担がされたキレネ人シモンの息子です（マルコ15・21〜参照）。主の十字架を担いだ人の妻と子に、パウロは特別の思いを抱いたことでしょう。以上のことから分かることは、パウロは知る限りのローマ教会の人々に、分け隔てない挨拶を送っているということです。

キリスト教会の交わりは身分の上下や出身の差異には関係なく、ただ一つ「主のみ前に真実であるか、否か」のみが問われています。「神は真実な人に祝福を与えてくださる」（詩編24・3〜6）のです。パウロは、主のみ前に忠実なキリスト者に対して「主にあって、宜しく」と何度も何度も重ねて語りかけます。「宜しく」の原意は「抱く、抱擁する」するであり、「聖なる口づけ」（ローマ16・16）と同じ意味を含んでいます。パウロとローマ教会を結びつけているのは、唯一「主にあって：in Christ」のみです。信仰者の交わりは、「主にあって、主イエス・キリストの出来事にあって」のみ成り立つのです。

（２０１０年12月5日）

（2）教会から教会へ（ヨシュア記24章21節～24節）

ここでパウロは、多くの信者の名前を挙げていますが、彼は決して個人的な交流を求めてこの手紙を書いているのではありません。「キリストのすべての教会があなたがたによろしくと言っています」（ローマ16・16）との挨拶から明らかに分かることは、この手紙は「一伝道者の言葉」ではなく「教会の言葉」であることです。教会の基本的な務めは「教会から教会」へ「祝福と平安を伝えることにあるのです（その意味で、新共同訳の小見出し「個人的な挨拶」は適切ではない）。さらに言えば、この手紙は「教会で読む」べきものであり、この手紙を読むことにより、教会は「形造られる、すなわち、救われた者が集まって心から神を礼拝する群れが形成される」のです。ここでパウロは、プリスカとアキラの名前を挙げて「彼らの家にある教会」（16・5直訳）という表現を用いています。異教の地ローマにあっては、現代の教会堂のような建物はなく、信者の家庭が開放されてそこで礼拝が守られていました（迫害下ではカタコンベが用いられた）。中心にはその家の家族がいたでしょうが、大切なことは「そこに教会があった」ということです（使徒2・46、47参照）。この精神は、現代の私たちも引き継いでいかなければなりません。主イエスは、形式的な礼拝を厳しく戒めておられます（マタイ21・12〜参照）。教会とは、当然のことながら会堂のことではなく、そこは「祈りの家」でなければならないのです。

次に注目しなければならないことは、「異邦人のすべての教会が感謝している」（ロマ16・4）との記事です。アンティオキアで誕生した異邦人教会（使徒11・26）の人々は、（律法、割礼による）特権意識がなく、福音を正しく受け止めることが出来ました。律法を遵守する者たちは、自分の行いを誇ることになり、そのことが福音の妨げとなりがちでした。厳格なファリサイ派の一員であったパウロ自身が、そこから脱出するために悪戦苦闘をしたことはよく知られています。このことは、「福音の射程」を保証しています。数多くの異邦人教会が誕生したことは、「福音が誰にでも及ぶ」（ガラテヤ3・28参照）ことの証しでした。無数の異教の神々に囲まれた日本も、福音の射程に入れられていました。したがって、「ここに教会がたてられた」のです。旧約の預言者ヨシュアは、その生涯を閉じる前に、「ただ主なる神のみを礼拝すること」を何度も何度も民に確認しました。民の信仰告白（ヨシュア記24・24「民はヨシュアに答えた。「わたしたちの神、主にわたしたちは仕え、その声に聞き従います。」」）は、外国の神々との決別宣言であり、「主なる神との契約」でした。日本の教会（異邦人教会）も、この信仰告白に基づいてたてられているのです。

「キリストのすべての教会があなたがたによろしくと言っています」との挨拶は、決して権威づけのために記されているのではなく、このローマ教会宛ての手紙が、個人の手紙ではないことを示唆しています。ロマ書は、「教会から教会へ」の手紙です。キリストにあるすべての教会は、すべての教会に結ばれているのです。私たちの教会も、孤立した教会ではなく公同の教会です。私たちは、代々の教会から届けられた手紙を正しく読み、そこに示された福音・キリスト信仰を正しく引き継いでいます。同時に私たちは、その福音を次の世代に正しく伝えることを求められているのです。

（２０１０年12月26日）

ローマの信徒への手紙　16章17節～23節

17兄弟たち、あなたがたに勧めます。あなたがたの学んだ教えに反して、不和やつまずきをもたらす人々
を警戒しなさい。彼らから遠ざかりなさい。18こういう人々は、わたしたちの主であるキリストに仕えな
いで、自分の腹に仕えている。そして、うまい言葉やへつらいの言葉によって純朴な人々の心を欺いてい
るのです。19あなたがたの従順は皆に知られています。だから、わたしはあなたがたのことを喜んでい
ます。なおその上、善にさとく、悪には疎くあることを望みます。20平和の源である神は間もなく、サタ
ンをあなたがたの足の下で打ち砕かれるでしょう。わたしたちの主イエスの恵みが、あなたがたと共にあ
るように。21わたしの協力者テモテ、また同胞のルキオ、ヤソン、ソシパトロがあなたがたによろしく
と言っています。22この手紙を筆記したわたしテルティオが、キリストに結ばれている者として、あなた
がたに挨拶いたします。23わたしとこちらの教会全体が世話になっている家の主人ガイオが、よろしく
とのことです。市の経理係エラストと兄弟のクアルトが、よろしくと言っています。

善にさとく、悪には疎く（詩編34編9節～15節）

長い手紙の最後に丁寧な挨拶をくり返し述べていたパウロは、突然強い口調で、思い出したかのように「勧め」の言葉を語り出します。ここでパウロは、今まで述べて来た「勧め」を繰り返すのではなく、「教会の本質を突く問題」、すなわち、「教会内の不和と躓き」を牧会者の権威をもって提起しています。

「不和」とは「平和の反対」(ガラテヤ5・20～参照)の概念であり、口語訳は「分裂」と訳していました。また、「躓き」とは「信仰を失うこと」を意味します。パウロは、「教会といっても、所詮は人間の集まりだから、不和があっても仕方がない、では済まされない、不和と躓きは、信仰者が学んだ教え、すなわち、福音と福音に生きること(実践)に反することから生じる」と断言しています。続けてパウロは、「その不和と躓きをもたらす人々を警戒せよ(目を張る=監督する)」との忠告をします。この注意は、「ミレトスの別れ」(使徒20・29～)でも強調されていたことです。教会には、福音の形をとった様々な邪説が入り込んできます。それらによって、教会は常に分裂の危機に晒されるのです。キリスト者は、常に恵みの言葉(福音)を宣べ伝えて「神の群れ」を作り、キリストに仕えることを求められています。隣人のことを思うことも勿論大切ですが、その根本には「十字架と復活のみに救いがある」ことを信じて教会をたてていかなければなりません。教会は、人間同士の団体でも慈善団体でもないのです。

「従順」（ロマ16・19）とは、「神（福音）に徹すること」であり、そのために「善、神の福音に適うこと」と「悪」を見分ける判断力（善にさとく、悪に疎く）の涵養《かんよう》が求められます。旧約の詩人は「善と悪の判断が出来るように導かれている信仰者の幸い」（詩編34・9〜）を詠っています。「信仰者と共におられる（ロマ15・33参照）平和の源である神が、間もなく、私たちに不和をもたらすサタンを打ち砕いてくださいます」（ロマ16・20）。「教会を信じる」とは、「（常に分裂の危機にある）教会は、この神の約束に支えられている」ことを信じることです。

最後にパウロは、重ねて教会の同労者の名前を挙げて感謝の言葉を続けます。パウロは、主に在る交わりの幸いを喜んでこの手紙を締め括るのです。

（2011年1月2日）

ローマの信徒への手紙　16章25節〜27節

25 神は、わたしの福音すなわちイエス・キリストについての宣教によって、あなたがたを強めることが
おできになります。この福音は、世々にわたって隠されていた、秘められた計画を啓示するものです。
26 その計画は今や現されて、永遠の神の命令のままに、預言者たちの書き物を通して、信仰による従順に導
くため、すべての異邦人に知られるようになりました。
27 この知恵ある唯一の神に、イエス・キリストを
通して栄光が世々限りなくありますように、アーメン。

栄光が唯一の神に（詩編29編1節〜2節）

ロマ書の最後の頌栄は、後世の加筆とも言われていますが、教会の礼拝で読まれ続けてきたパウロの手紙にはまことにふさわしい結びとなっています。祈りは、いかなるものであれ、それは「神に栄光を帰し、神の栄光を称え、神の正しさに信頼を寄せる」謙虚な思いに他なりません。この

思いは、キリスト者全ての祈りであり、また、パウロの切なる願望でした。16章25、26節は、その「栄光を帰する神とは如何なる方であるか」の説明であり、ロマ書全体の要約です。

25節でパウロは「私の福音（ロマ2・16参照）、すなわち、イエス・キリストについての宣教（新共同訳）」と述べていますが、直訳は「私の福音とイエス・キリストの宣教」です。「私の福音」とは、あくまで「キリストの福音」を前提としての表現であり、「今日、私を私としてあらしめているもの、私が望みを託しているもの」という意味を含んでいます。すなわち、決して「私」が「キリストの福音」を独占しているのではなく、その福音を「私が宣べ伝えなければならない」ことを告白しているのです。私たちが宣べ伝える「福音」は「キリストの福音」のみであり、「他の福音があるわけではありません」（ガラテヤ1・7）。私たちは、この変わることのない福音を持ち続けているか、否か、を問われているのです。

パウロは、その宣教が「あなたがたを」強めると言います。「あなたがた」とは、ローマ教会の信者一人ひとりのことであると同時に、信仰共同体としての「教会」を示唆しています。「神はその宣教によってあなたがたを強める」とは、「教会が神の業、聖霊の力の中に置かれている」ということであり、逆に言えば、「教会を強めることが出来るのは神のみである」と言えるのです。

福音によって集められた者の群れである教会が福音を宣べ伝える基本は、先ず「知る」ことです。

パウロは、「キリスト以外、何も知るまいと心に決めていました」（Ⅰコリント2・2）。人々を救うのは、パウロではなく神です。神は、「宣教という愚かな手段によって信じる者を救おうと、お考えになったのです」（Ⅰコリント1・21）。神の知恵がここに働き、ここにのみ教会は立っています。

福音（十字架と復活）は、「隠されていた、秘められた（神の）計画（奥義）の啓示（開き示す）」です。すなわち、ロマ書全体はこの奥義を語り続けて来たのであり、そのことが「神の永遠の（動かすことの許されない）命令」です。

この命令は、「預言者たちの書き物（旧約聖書）」に既に明らかになっていました。ユダヤ人たちは、この教えを自分たち（イスラエル）にだけ示されたものと受け止めていましたが、実は全世界（異邦人）に示されていたものです。

預言者の書き物には、さらに、キリスト者の証言が付け加えられて来ました。「キリスト者が一堂に集められて預言（礼拝）をしているところに信者でない人が入ってくると、その人は、罪を指摘されて、悔い改め、ひれ伏して神を礼拝するように導かれます」（Ⅰコリント14・25参照）。神は、罪を繰り返すご自身の民を悔い改めに導くために、忍耐して待っておられたのです。その主なる神は、最後に、尊きみ子イエス・キリストの十字架と復活の出来事で、その救いのご計画を成就なさいました。忍耐と慰めの源である神（ロマ15・5）、この神にこそ、私たちは栄光を帰すべきであり、私たちの真実の思い（詩編29・1、2と一致「神の子らよ、主に帰せよ／栄光と力を主に帰せよ／御名の栄光を主に帰せよ。聖なる輝きに満ちる主にひれ伏せ。」）は、まさにここにあるのです。

（２０１１年１月９日）

おわりに

説教は礼拝で語られ、礼拝で聞くことによって成り立ちます。私は、時折、礼拝中に礼拝堂の外で受け付けの奉仕をすることがあります。ロビーにいても説教の言葉はスピーカーを通して明瞭に聞こえて来ますが、遅れて見える会員に会釈をしたり、CSホールで遊んでいる子どもたちに注意を払っていると、説教は全く耳に入って来ません。説教は、礼拝で聞く時に初めて「み言葉」になることを実感させられます。

わたくしがこの「聴聞録」を書き始めたのは1997年3月のことでした。以来書き続けたノートが、間もなく1、000回（B5判で1、100ページ）になります。この「**聴聞録**」が「**聴聞学**」の端緒になるのではないかと、当時は真剣に考えたことを、今、懐かしく思い出します。しかし、説教を聞くことによって起こることは、まさに一期一会の出来事であり、そこで何が起きたのかを検証することは実際には不可能でした。思いは実りませんでしたが、来年8月には80歳になり、そろそろ身辺の整理をしなければならない時期ですので、今回、そのノートの中から『ローマの信徒への手紙』を抜き出して一冊にまとめてみました。たとえ、「聴聞録」が「聴聞学」にまで至らないとしても、「**聴聞力**」：説教を聴くという姿勢に何らかのヒントになれば嬉しく思います。

この間富士見町教会には、牧会の責を負ってくださった牧師と、12名の若い伝道師が与えられました。現在は各地で牧師として奉仕をなされている諸先生の若い日の説教を伺うことが出来たのは、大都会の都心教会ならではの恵みです。また、事に当たっては、外部から25名もの先生が1回ないし数回お見えになり、講壇を担当してくださいました。多方面で御奉仕中の諸先生の説教を伺うことが出来たことは、まさに主の奇しきお恵みによるものでした。心から感謝をいたします。

本書の出版にあたってはヨベルの安田正人社長より懇切なご指導を頂きました。厚く御礼を申し上げます。

この「聴聞録」は毎週数名の教会員が熱心に読んでくださり、毎回暖かい励ましの言葉を頂いてきました。読んでくださる同信の友がいる、ということは何とも嬉しいことでした。特に、共に礼拝を守り、同じ説教を聞き、最初の読者であり続けている妻紀子に心からの感謝をささげます。

二〇一五年六月三〇日

門叶国泰

著者紹介
門叶国泰（とが・くにやす）
1936年8月9日生まれ。
日本基督教団富士見町教会会員。
慶応義塾大学法学部卒業。日立製作所勤務。
日本聖書神学校聴講生（旧約：ヘブル語）。
総会神学校講師（ヘブル語）。
著書：『日本基督教団信仰告白に聞く』（岩波ブックセンター、2013）
東京都武蔵野市在住。

YOBEL新書032
説教聴聞録　ローマの信徒への手紙

2015年8月9日 初版発行

著　者 ── 門叶国泰
発行者 ── 安田正人
発行所 ── 株式会社ヨベル　YOBEL、Inc.
〒113 - 0033 東京都文京区本郷4 - 1 - 1　菊花ビル5F
TEL03-3818-4851　FAX03-3818-4858
e-mail：info@yobel. co. jp

DTP：印刷 ── 株式会社ヨベル

配給元―日本キリスト教書販売株式会社（日キ販）
〒162 - 0814　東京都新宿区新小川町9 -1
振替00130-3-60976　Tel 03-3260-5670
　ISBN978-4-907486-24-2 C0216

ヨベル新書（在庫一覧：税別表示）

（『渡辺善太著作選』は掲載しておりません）

ヨベル新書

001　土屋澄男　永遠のいのちの中へ
聖書の死生観を読む　品切れ　4-946565-44-1

002　峯野龍弘　聖なる生涯を渇望した男
偉大なる宣教者ジョン・ウェスレー　重版準備中　4-946565-60-1

003　渡辺　聡　東京バプテスト教会のダイナミズム 1
日本唯一のメガ・インターナショナル・チャーチが成長し続ける理由《わけ》
〈再版〉¥1,000　4-946565-43-4

004　山本美紀　メソディストの音楽
福音派讃美歌の源流と私たちの讃美　¥900　4-946565-64-9

006　齋藤孝志　［決定版］クリスチャン生活の土台
東京聖書学院教授引退講演「人格形成と教会の形成」つき
¥1,000　4-946565-33-5

007　山下萬里　死と生
教会生活と礼拝　〈在庫僅少〉¥1,400　4-946565-73-1

008　齋藤孝志　［決定版］まことの礼拝への招き
レビ記に徹して聴く　¥1,000　4-946565-74-8

010　渡辺　聡　東京バプテスト教会のダイナミズム 2
渋谷のホームレスがクリスチャンになる理由　¥1,000　4-946565-91-5

012　池田勇人　あかし文章道への招待　〈在庫僅少〉
¥1000　4-946565-58-8

013　大和昌平　追憶と名言によるキリスト教入門
¥900　4-946565-94-6

014　ネヴィル・タン　金本恵美子訳　7172　〈在庫僅少〉
「鉄人」と呼ばれた受刑者が神様と出会う物語　¥1,000　4-946565-59-5

015　齋藤孝志　キリストの体である教会に仕える
エフェソ書に徹して聴く　¥1,000　4-946565-97-7